Einfach rechnen mit dem PC

Einfach rechnen mit dem PC

PC-Schule für Senioren

Stiftung Warentest

STIFTUNG WARENTEST
ISBN 10: 3-937880-25-9
ISBN 13: 978-3-937880-25-9

Liebe Leserin, lieber Leser,

ein großer Teil unseres Lebens wird von Zahlen bestimmt. Preise, Abgaben, bisweilen auch die Steuern verändern sich schneller als früher – da muss man den Überblick behalten. Wer das heute noch mit Taschenrechner, Bleistift und Papier schafft, sei ausdrücklich bewundert. Sicher, gerade ältere Menschen – an die sich diese Einführung in die Tabellenkalkulation ja vorrangig richtet – vollbringen damit wahre Kunststücke.

Doch unser Computer kann uns helfen, wenn die Aufgaben komplizierter werden. „Tabellenkalkulation" heißt das Zauberwort, und nach Zauberei mag es aussehen, wie schnell man damit Veränderungen auf ihre Auswirkungen hin überprüfen kann. Gewiss, die Einarbeitung braucht etwas Zeit, aber dafür lassen sich Routineberechnungen anschließend viel einfacher bewältigen als auf dem Papier.

Wir gehen die ersten Schritte in die Welt der Zahlenverarbeitung mit dem Microsoft-Programm „Excel" aus dem „Office"-Paket 2003. Grundlegende Bedienungselemente finden sich aber auch in anderen Tabellenkalkulationen.

Inhalt

Schreibweise – lies weise!

Sie werden in diesem Ratgeber auf eine Reihe von Zeichen und Schriftarten stoßen, die Ihnen möglicherweise fremd vorkommen. Bevor wir beginnen, sollten wir daher einige Absprachen über die Bedeutung der Schreibweisen treffen, damit Sie es später leichter haben, alle Schritte sicher nachzuvollziehen:

- Texte, Zahlen und Berechnungsformeln, die Sie über die Tastatur ins Programm eingeben sollen, geben wir Ihnen ***in dieser Schreibweise*** vor: Bitte geben Sie die Zahl **22** ein oder: Bitte tippen Sie ***Einkauf*** ein.

- Wenn steht: Klicken Sie über ***Datei_Neu*** bedeutet es, dass auf die Schaltfläche „Datei" in der Menüleiste geklickt, der Mauszeiger über das Auswahlmenü zum Eintrag „Neu" geführt und dieses Wort „Neu" angeklickt werden soll. ***In dieser Farbe und Schrift*** kennzeichnen wir alles, was im Verlauf unseres Grundkurses angeklickt werden soll.

- Und wenn hier allein von „Klicken" die Rede ist, meinen wir die linke Maustaste. Der Druck auf die rechte Taste öffnet in den meisten Programmen ein Kontextmenü. Wenn das gewünscht wird, heißt die Anweisung „Rechtsklick".

- Symbole in den Menüleisten werden ebenfalls „mit Links" angeklickt. Sollten Sie zum Beispiel eine Zahl fetten wollen, müssen Sie sie zunächst markieren, anschließend klicken Sie einfach nur auf das ***F*** in der Formatsymbolleiste.

- Wenn eine bestimmte Taste oder eine Tastenkombination auf der Tastatur gedrückt werden soll, wird das als Grafik abgebildet.
  Hierzu ein Beispiel: Strg + Z. Diese Kombination macht einen Arbeitschritt rückgängig.

- Namen von Dateien und Ordnern werden so geschrieben:
  DOKUMENT.XLS

Mehr müssen Sie für den Anfang gar nicht wissen. Also viel Spaß beim Lernen mit unserer Einführung in die Tabellenkalkulation am Beispiel von „Excel".

Datei Bearbeiten Ansicht Einfügen Format Extras Daten Fenster ? Adobe PDF
Frage hier eingeben
Arial
A1
Erste Schritte
Office Online
Mit Microsoft Office Online verbinden
Erhalten Sie die letzten Meldungen über die Anwendung von Excel
Diese Liste automatisch vom Web aktualisieren
Suchen nach:
Beispiel: "Mehr als eine Kopie drucken"
Öffnen
Buecherplanung bis 2008.xls
SoPu-Planung 2006_050824.xls
wichtige termine im jahr.xls
Urlaub-Sopu-2005.xls
Weitere...
Eine neue Arbeitsmappe erstellen...
Tabelle1
Tabelle2
Tabelle3
Start
SIGMA Photo Pro
Palm Desktop
Dokument1 - Micr...
14:08

Das erste Mal allein mit ihm

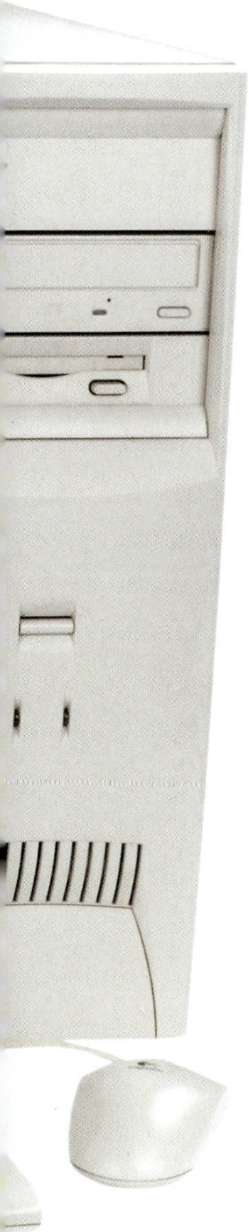

Keine Angst, das ist wirklich jedem von uns so oder ähnlich ergangen:
Anfangs hilft ein Freund, den Rechner aufzubauen. Er stöpselt die Stecker in die passenden Buchsen, fährt den Computer hoch, um zu sehen, ob auch alles funktioniert, man plaudert noch ein bisschen, vielleicht sogar über die Anschaffung, über den günstigen Preis und die technische Ausstattung, darüber, was man damit machen kann. Aber irgendwann ist er unausweichlich da, der Moment: Sie sind zum ersten Mal allein mit dem nun wieder stummen Gerät.
Später werden Sie mit mildem Lächeln an die Beklommenheit zurückdenken, die Sie damals ergriff. Aber auch an die Freude, als Sie merkten, dass sich der Umgang mit dem neuen Hausgenossen eigentlich recht einfach gestaltete. Welcher Spaß aufkam, als Sie ihn Schritt für Schritt erfolgreich erkundeten. An dem Punkt sind Sie jetzt, also genießen Sie ruhig diesen Augenblick der Vorfreude.

Vor dem Start

Haben Sie bloß keine Furcht, etwas falsch zu machen, hier kann Ihnen nichts wirklich Böses geschehen. Und wenn's denn schon mal passiert – im schlimmsten Fall haben Sie ein paar Minuten verloren, aber dafür immerhin die Gewissheit gewonnen, wie man's richtig macht. Und damit sind Sie wieder einen Schritt weiter.

Nur auf drei Dinge sollten Sie achten:
❶ Erfrischungsgetränke sind nichts für Ihren neuen Gefährten. Halten Sie also bitte gefüllte Gläser und geöffnete Flaschen fern von ihm.
❷ Verlegen Sie alle Kabel so, dass Sie nicht versehentlich darüber stolpern können. Denn wenn dem Computer während seiner Arbeit plötzlich und unerwartet der Strom ausgeht, kann er geöffnete Dateien nicht korrekt abspeichern. Dass Bauteile dabei kaputt gehen, ist heute zwar nur noch sehr selten zu befürchten, aber ein Datenverlust ist schon schlimm genug.
❸ Auch Stöße verkraftet ein laufender Rechner nicht so gut. Laptops sind da zwar ein wenig unempfindlicher, dennoch vermeiden Sie es vorsichtshalber, das aufgeklappte und laufende Gerät einem Ortswechsel zu unterziehen. Fällt er dabei aus den Händen, ist der Schaden mit Sicherheit groß.

Auf Knopfdruck schlau

Der Einschaltknopf eines Rechners ist meist mit einem nach oben geöffneten Kreis gekennzeichnet, durch diese Öffnung zieht sich eine Linie senkrecht in den Mittelpunkt des Kreises.

Einschaltknopf

Falls Sie keine solche Markierung finden, drücken Sie den größten Knopf auf der Frontseite des Rechners. Ist alles richtig angeschlossen, „fährt er hoch". Er greift auf sein „Langzeitgedächtnis", auf die Festplatte zu, um das **Betriebssystem** zu laden. Wir verwenden hier Windows XP (neue Rechner werden fast ausschließlich damit verkauft, es gibt aber auch noch andere Betriebssysteme). Mit Hilfe dieses grundlegenden Programms bereitet sich das Gerät auf kommende Anwendungen vor – wie eben auch auf die Tabellenkalkulation „Excel". Ohne ein solches Grundprogramm läuft kein Computer. Ist er damit nach etwa ein bis zwei Minuten fertig, erlischt die bis dahin flackernde Anzeigelampe der Festplatte, der Rechner meldet sich mit einer betriebsbereiten Bildschirmoberfläche. Die sehen wir uns gleich genauer an.

Wenn Sie das Gerät ausschalten wollen, schließen Sie erst alle geöffneten Anwendungsprogramme. Das geschieht – Programm für Programm – mit jeweils einem Klick (mit der linken Maustaste) auf das Kreuz in der kleinen Schaltfläche ganz oben rechts. Sehen Sie wieder die Bildschirmoberfläche von Windows, darf der Computer ausgeschaltet werden:

❶ Hier beenden Sie zum Schluss Ihrer Arbeit mit einem Klick das Programm.

❷ Auch zum Ausschalten auf Start drücken ...

❸ ... es erscheint ein Auswahlmenü und nach dem Klick auf Ausschalten ...

❶ Klicken Sie (letzte Wiederholung: mit der linken Taste) auf die Schaltfläche ***Start***.
❷ Im Startmenü steht gleich zuunterst: „Computer ausschalten".
❸ Es öffnet sich die Dialogbox „Computer ausschalten".
❹ Klicken Sie auf ***Ausschalten***. Windows wird beendet.

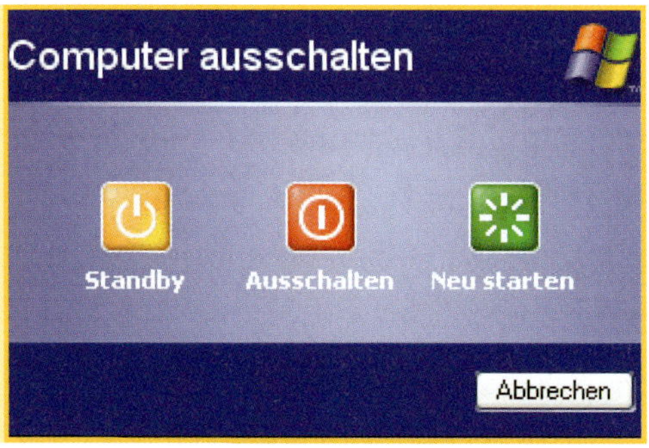

❹ ... sehen Sie das Dialogfeld, auf dem Sie den Computer ganz herunterfahren.

Aktuelle Computer gehen dann selbsttätig aus, Sie brauchen sich um nichts mehr zu kümmern. Erscheint aber auf dem Bildschirm „Der Computer kann ausgeschaltet werden", muss je nach Gerät entweder auf den Ein-/Ausschalter (den „dicksten Knopf") oder gar auf den Netzschalter (meist auf der Rückseite des Geräts) gedrückt werden.
Das ist unbequem, deshalb empfehlen wir die Anschaffung einer Schuko-Steckerleiste mit eingebautem Schalter. Am oberen Ende des Schreibtischs liegend, ist sie stets leicht erreichbar. Hiermit sollten Sie auch Bildschirm, Drucker und alles andere ausschalten, das verringert den Stromverbrauch. Denn etliche Geräte besitzen nur eine Stand-By-Schaltung, die auch noch im anscheinend abgeschalteten Zustand Strom frisst.

Sollten Sie während der Arbeit versehentlich auf den Ein-/Ausschalter des Rechners drücken, reagiert er entweder gar nicht, oder die vorherigen Schritte (Programme schließen, Betriebssystem herunterfahren) laufen automatisch ab. Welche Reaktion der Rechner zeigt, hängt von den werksseitigen Grundeinstellungen ab, die nur von erfahrenen Computernutzern geändert werden sollten.

Außerdem gibt es eine **Notbremse**, wenn der PC wider Erwarten auch nach längerer Wartezeit nicht mehr auf Eingaben reagiert. Dazu müssen Sie den Ein-/Ausschalter am Rechner länger als vier Sekunden gedrückt halten. Das fährt den PC abrupt herunter. Davon geht er nicht gleich kaputt, nur sind alle bis dahin ungesicherten Daten anschließend weg. Zudem untersucht Windows beim nächsten Start automatisch, ob die harte Tour Probleme bereitet hat und löst sie, wenn es möglich ist.

Der Windows-Schreibtisch

Der Windows-Desktop mit den Programmsymbolen und der Taskleiste unten

Der Windows-Schreibtisch nimmt die gesamte Bildschirmfläche ein und ist das elektronische Gegenstück zur normalen Schreibtischplatte. Er, genauer: die Monitoroberfläche, staubt sogar ein. Putzen Sie mit fusselfreiem und nicht kratzendem Tuch oder holen Sie sich spezielle Reinigungstücher aus dem Fachhandel, denn gerade Flachbildschirme besitzen meist eine empfindliche Frontseite. Wenn Sie am Computer sitzen, ist der Windows-Schreibtisch Ihr Arbeitsplatz. Von dort aus können Sie auf alle Arbeitsergebnisse (Texte, Bilder, Tabellenblätter und dergleichen) sowie auf alle Programme zugreifen, die in Ihrem Computer gespeichert sind. Auf dem Bildschirm sind mindestens drei Elemente zu sehen: Die große Arbeitsfläche, der **Desktop**, **Programmsymbole** und am unteren Rand die so genannte **Taskleiste** mit der Schaltfläche **Start**.

Programmsymbole für die Tabellenkalkulation und den Papierkorb

Programmsymbole

Ein solches Symbol, im Englischen „Icon“ genannt, reagiert auf einen Doppelklick mit der linken Maustaste wie ein Klingelknopf an der Haustür: Es ruft das jeweilige Programm herbei, zum Beispiel das Tabellenkalkulationsprogramm „Excel“. Der Papierkorb zeigt nach einem Doppelklick, welche Dateien er enthält. Sie können auch selber Ordner anlegen, das werden Sie später tun, um Ihre Excel-Dateien an einem sicheren Ort aufzubewahren.

Herantasten

Eines vorab: Ist Ihr Computer mit einem nummerischen Tastaturblock ausgestattet? So etwas gibt es auch zum Anschluss an Laptops. Achten Sie beim Kauf auf den flachen „USB-Stecker“. Der Vorteil: Mit dem „Nummernblock“ können Sie nummerische Eingaben bequem, nur mit der rechten Hand, ausführen. Das geht schneller als mit den Zifferntasten in der zweiten Reihe, zudem geschehen weniger Eingabefehler.

Den größten Teil der Tastatur kennen Sie eigentlich schon von der Schreibmaschine. Am Computer gibt es allerdings noch eine Reihe von Zusatzfunktionen, die mit der Tastatur aufgerufen werden können.
Ganz links oben befindet sich die mit Esc gekennzeichnete Escapetaste. Sie werden Sie auch in Excel benötigen, falls sich ein Auswahlmenü geöffnet hat, das Sie im Moment gar nicht brauchen. Mit Esc schließt es sich sofort. Auch aus aktivierten Zellen gelangen Sie damit notfalls sofort „ins Freie“.
Rechts von der Escapetaste folgen die mit **F1** bis **F12** durchnummerierten Funktionstasten.

Wichtig wird vor allem die **F1**-Taste, mit ihr ruft man das umfangreiche Hilfemenü in Excel auf.

Gehen wir an der linken Seite der Tastatur weiter, so stoßen wir unter der Esc -Taste erst auf eine mit Sonderzeichen (zum Beispiel das hochgestellte „o“ für Grad), darunter auf die Tabulatortaste mit ihren Pfeilen nach links und rechts. Diese ⇤⇥ -Taste wird Ihnen gute Dienste bei der Bewegung auf dem Tabellenblatt leisten.
Unter ihr befindet sich die Feststelltaste, die in Excel nur selten Anwendung findet, darunter die mit ⇧ gekennzeichnete Umschalttaste, die Sie häufiger brauchen werden, nicht nur für Großbuchstaben.
Eine weitere Taste, die für die Arbeit in Excel wichtig ist, ist die Steuerung-Taste Strg.

Die Computertastatur sieht nur auf den ersten Blick der Arbeitsfläche einer herkömmlichen Schreibmaschine ähnlich, ist jedoch eine vielfältige Steuerungszentrale.

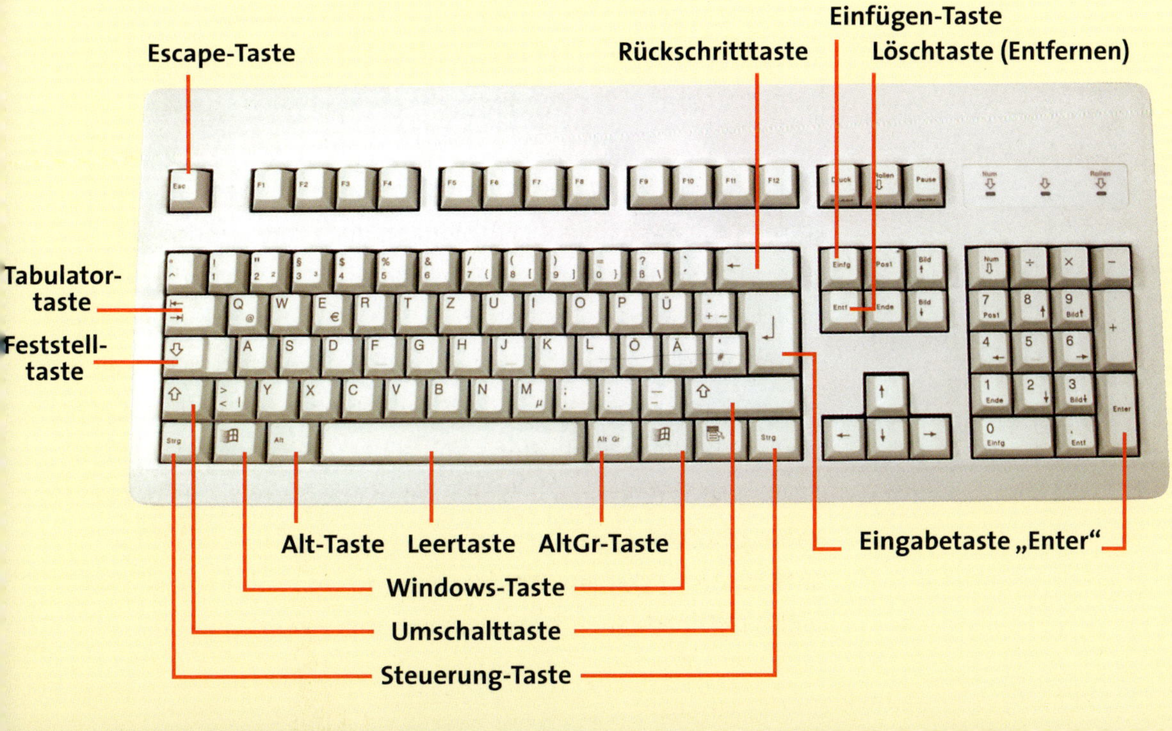

Auf der deutschen Tastatur-Version steht Strg, auf Laptops meist **Ctrl**, das englische Kürzel für „Control“. Nur die Bezeichnung ist anders, die Funktion ist identisch.
Wichtig: Wir verwenden hier nur die Bezeichnung Strg.
Ein Beispiel für die Verwendung von Strg: Wenn Sie später eine Zahl oder einen Text fetten möchten, können Sie auf das Symbol ***F*** in der Formatleiste klicken. Aber auch die Tastatur setzt diese Befehle um: Drücken Sie gleichzeitig die ⇧-, die Strg - und die Buchstabentaste **f**, damit die Ergebnisse in Fettdruck erscheinen. Wählen Sie statt **f** den Buchstaben **k**, wird die Zahl kursiv gesetzt, nehmen Sie die **u**-Taste, wird der aktivierte Bereich unterstrichen. Sie können diese Formatänderungen auch gemeinsam nutzen, also nacheinander fetten, unterstreichen und kursiv setzen.

Am rechten Rand des Haupttastenfelds liegt die Rückschritttaste mit dem Pfeil nach links ←, die zum Beispiel in einem Text einen Lösch-Schritt nach links bewirkt. Ihr Gegenstück, die Löschtaste, befindet sich in der Nähe. Wird Entf gedrückt, löscht das den Text schrittweise nach rechts.

Nun die große Eingabe- oder Befehlstaste mit dem abgewinkelten Pfeil nach links ↵, bisweilen auch mit „Return“ gekennzeichnet. Sie ist etwas Besonderes. Wir verwenden sie für das Bestätigen von Eingaben. Auf den herkömmlichen Computertastaturen gibt es eine solche Funktion zwei Mal, nämlich auch noch neben dem gesonderten Zahlenblock, dort ebenfalls rechts unten – mit „Enter“ beschriftet.
Welche Taste Sie wählen, bleibt Ihnen überlassen – bei der Eingabe von Zahlenkolonnen ist es praktischer, die benachbarte Entertaste zu wählen. Besitzer von Laptops haben diese Wahl nicht, dafür ist die ↵-Taste jedoch mit „Enter“ markiert.

Wichtig: Um die Funktion der Taste(n) zu betonen, bezeichnen wir sie fortan als „Eingabetaste" und stellen sie mit dem Symbol ↵ dar – gleich, ob nun im Einzelfall „Return" oder „Enter" draufsteht.

Bei großen Tabellenblättern werden Sie sicherlich die Tasten [Bild ↑] und [Bild ↓] verwenden, damit können Sie seitenweise hinauf- oder hinunterblättern.
Die vier Pfeiltasten am unteren Rand der Tastatur dienen zur schrittweisen Bewegung auf dem Tabellenblatt.
Bei der herkömmlichen Computertastatur sind die Symboltasten der Grundrechenarten ebenfalls doppelt vorhanden. Auf dem nummerischen Tastaturblock findet man sie im oberen und rechten Bereich: Da steht **-** für Minus, **+** für Plus, ***** fürs Multiplizieren und **/** fürs Dividieren.
Auf der „Buchstabenseite" der Tastatur sind sie etwas versteckter, das **/** zum Beispiel über der 7, das **-** wird mit Hilfe des Bindestrichs dargestellt. **+** und ***** liegen gleich links neben der Eingabetaste.

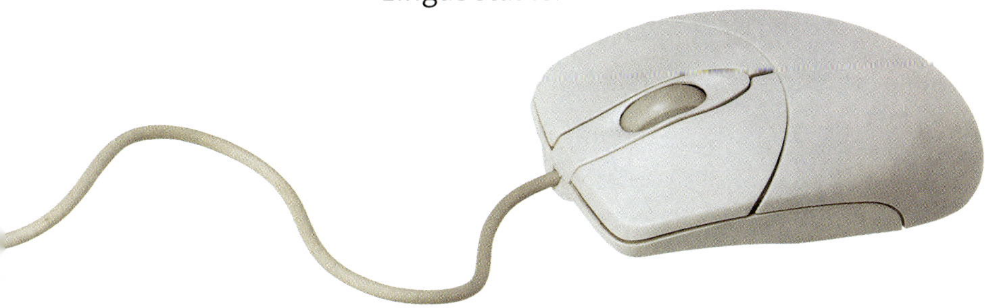

Die Maus

Die Maus ist auf dem Computerbildschirm das Fortbewegungsmittel schlechthin. Sie übersetzt die Bewegungen Ihrer Hand auf den Bildschirm. Das geschieht bei modernen Mäusen optoelektronisch: Eine meist rote Leuchtdiode erhellt den Untergrund (das Mousepad), damit ein benachbarter Sensor

Unterschiede in der Reflektion aufnehmen kann, sobald die Maus bewegt wird. Um Strom zu sparen, schaltet eine solche Maus ihr Licht nur dann voll an, wenn sie den Beginn einer Bewegung registriert. Lassen Sie sich also nicht davon nervös machen, dass Ihre Maus Sie „anblinzelt".

Im Unterschied zu den sonstigen Programmen stellt Excel den Mauszeiger als Balkenkreuz dar.

Auf dem Bildschirm wird die Bewegung als Mauszeiger sichtbar. Er nimmt in Excel allerdings eine andere Gestalt an als in den meisten anderen Programmen: Hier ist er als Balkenkreuz zu sehen.

Fast alle Computermäuse besitzen inzwischen nicht nur zwei Tasten, sondern auch ein **Scrollrad** in der Mitte. In Excel können Sie damit die Tabelle hoch und hinunter bewegen. Die **linke Maustaste** wird zum Klicken in den Bedienleisten und zum Aktivieren von Zellen eingesetzt. Ein Klick auf die **rechte Taste** bewirkt, dass sich ein Auswahlmenü öffnet. Welches das ist, hängt vom aktuellen Standort des Mauscursors ab, deshalb spricht man auch von einem Kontextmenü.
In den folgenden Arbeitsschritten werden wir die sich dann bietenden Möglichkeiten genauer betrachten.

Und beim Laptop?

Laptops sind inzwischen so rechenstark, dass sie immer beliebter werden, nicht mehr nur für die Arbeit unterwegs, sondern – als vielseitig einsetzbares, einziges Gerät – auch zu Hause. Sie sind schnell aus dem Schrank geholt und ebenso schnell wieder dort verstaut. Sie benötigen also eigentlich keinen richtigen Arbeitsplatz, so, wie man ihn für einen herkömmlichen Heimcomputer einrichten muss. Außerdem sind sie meist viel leiser als der „große Bruder".

Einiges ist dennoch zu beachten, deshalb sei es hier kurz erwähnt: Auch ein Laptop entwickelt Wärme, er muss „atmen" können. Stellen Sie ihn daher bitte nicht auf eine Tischdecke oder ein wollenes Platzdeckchen, sondern auf einen glatten Untergrund.

Wir haben es bereits erwähnt: Laptops haben eine andere Tastaur als jene, die Sie vom Heimcomputer her kennen. Sie ist kleiner, besitzt weniger Tasten (Nummernblock fehlt). Darüber hinaus wird der Mauszeiger mit einem berührungsempfindlichen Feld gesteuert, dem so genannten Touchpad. Beides ist für die Arbeit sehr gewöhnungsbedürftig. Allerdings können Sie große Tastaturen und sogar Mäuse an Laptops anschließen, und zwar über die USB-Steckplätze (Universal Serial Bus). Ein bisschen Schnelligkeit beim Auf- und Abbau geht damit zwar verloren, die Bedienung wird dadurch aber erheblich vereinfacht.

Praktisch: Ein Rechner für zu Hause und unterwegs. Laptops besitzen ein Touchpad für die Bewegung des Mauszeigers auf dem Bildschirm. Aber man kann an einen Laptop auch eine Maus anschließen.

Womit Sie rechnen können

Excel führt Berechnungen aus. Es ist also ein **Zahlenverarbeitungsprogramm**, so, wie Word als Textverarbeitungsprogramm bezeichnet wird. Wir werden uns vorrangig mit den vier Grundrechenarten befassen. Aber auch der Dreisatz wird uns beschäftigen, darunter vor allem die Prozentrechnung. Sie werden erfahren, wie Sie einen **Haushaltsplan** für ein ganzes Jahr erstellen, wie Sie die Tabelle dann jeden Monat mit aktuellen Zahlen füllen können, so dass Sie eine Kontrolle über Einnahmen und Ausgaben haben.

Das Programm hält darüber hinaus eine Vielzahl von Funktionen bereit, die für die Finanzmathematik, die Statistik und die Trigonometrie benötigt werden. Als Beispiel werden wir eine Übung für die Dreiecksberechnung besprechen. Eine solche Aufgabe kann sich ja in jedem Haushalt mal stellen. All diese **Rechenfunktionen** lassen sich einzeln verwenden oder auf fast beliebige Weise miteinander verbinden.

Eine Tabellenkalkulation braucht überdies Ordnungsprinzipien, mit deren Hilfe Inhalte anders zusammengestellt und übersichtlicher gestaltet werden. Sie werden erfahren, wie die **Sortierfunktion** funktioniert, wie Sie einen **Filter** anwenden, **Grafiken** erstellen und was eine **Pivot-Tabelle** ist.

Das Programmfenster von Excel

Sie haben auf Ihrem Windows-Bildschirm das Symbol für Excel angeklickt, das Programm nimmt seinen Dienst auf. Es zeigt nun oben die Bedienungsleisten, sie gehören zum Programmfenster. In der Mitte ausgebreitet sehen Sie das leere Arbeitsblatt. Beginnen wir beim Programmfenster.

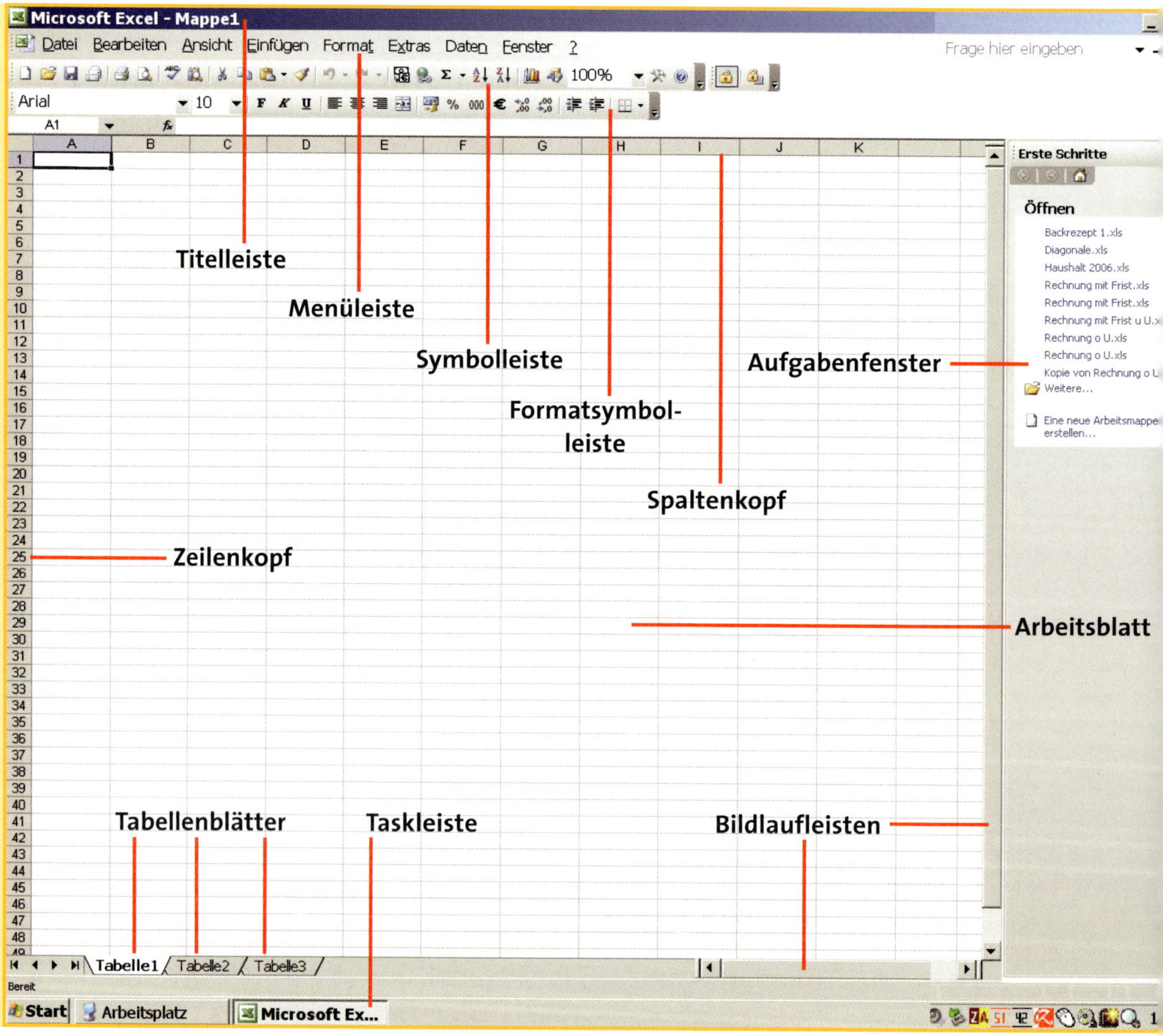

Bedienung!

Die Bedienungsleisten bestehen aus der **Menüleiste**, der **Symbolleiste** sowie der **Formatsymbolleiste**. Man kann sie noch durch weitere Schaltleisten für speziellere, häufig wiederkehrende Aufgaben ergänzen. So sind einige Befehle schnell erreichbar, die wir später benötigen werden. Einige davon gibt es in vielen anderen Programmen auch. Das Rückgängigmachen und Wiederherstellen eines Arbeitsschritts, zum Beispiel. Diese Funktionen verbergen sich hinter den blauen Häkchen in der Symbolleiste (➔ Seite 83). Die **Formatierung** (fett, kursiv, unterstrichen) von Texten und Zahlen kommt ebenfalls in vielen anderen Programmen vor.

Darüber hinaus gibt es in Excel ein paar Besonderheiten. Da wäre das **Summenzeichen** (∑), neben dem sich ein Auswahlmenü mit vielen Funktionen verbirgt (➔ Seite 43), eine **Sortierfunktion** (auf- und absteigend, ➔ Seite 125) und den **Diagrammassistenten** (➔ Seite 122), mit dem man leicht Torten- und Balkengrafiken produzieren kann. In der Formatsymbolleiste – hier der untersten Leiste – können wir Zahlen als **Euro-Währungsbeträge** oder **Prozentangaben** kennzeichnen und benachbarte Zellen zu einer einzelnen verbinden (➔ Seite 105).

Wichtig wird zudem die Seitenansicht, mit deren Hilfe man vorab erkennen kann, wie der Drucker die Tabelle ausdrucken wird (➔ Seite 131). Hinter dem Pinselsymbol verbirgt sich eine **Kopierfunktion für Zellenformate** (➔ Seite 72).
Das **Verschieben einer kompletten Leiste** wird möglich, wenn wir mit dem Mauspfeil auf die senkrecht gepunktete Linie am linken Leistenanfang gehen. Der Mauspfeil wird zum Kreuz mit Pfeilen daran. Hält man die linke Maustaste

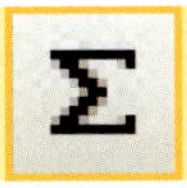

Summenzeichen

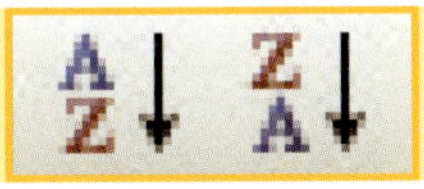

Sortierfunktion

Diagrammassistent

Eurozeichen

Prozentzeichen

Seitenansicht

Kopierfunktion

Verschiebefunktion

❶: *die gepunktete Linie,* ❷: *der Verschiebe-Cursor (Pfeilstern),* ❸: *Aktivierungsfläche – hier befinden sich weitere Menüs zur Zusammenstellung von Bedienungsleisten.*

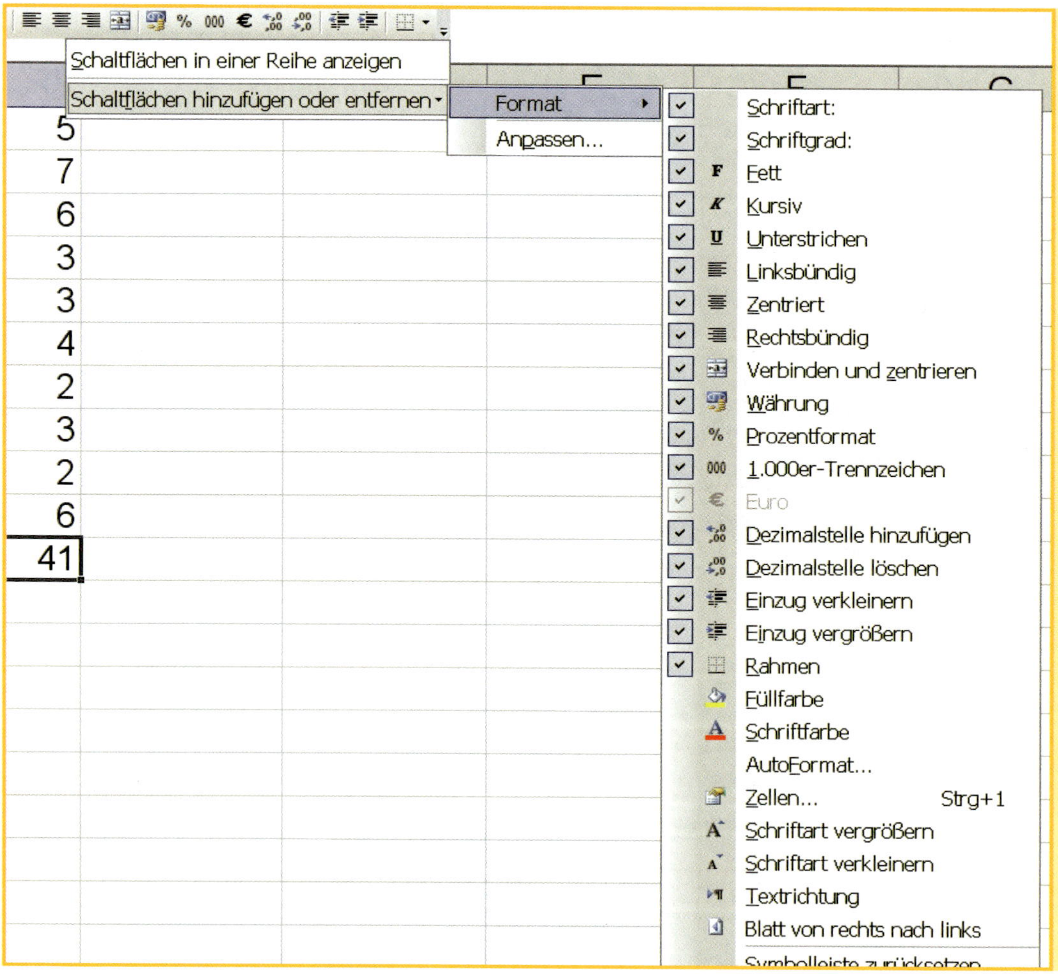

Leisten-Inhalte anders zusammenstellen.

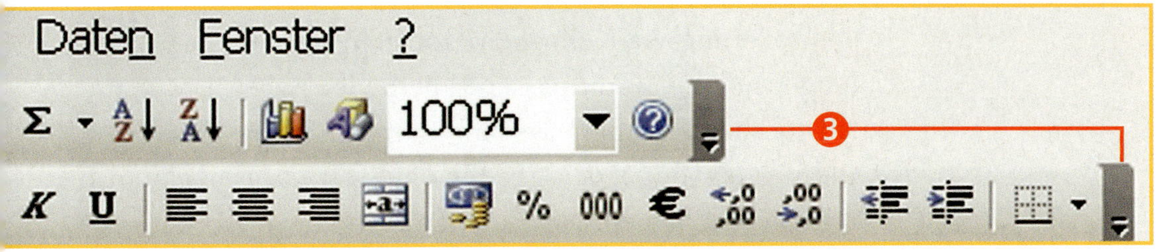

gedrückt, kann man die Leiste an einen anderen Ort bewegen. **Leistensymbole** anders zusammenstellen: Am rechten Ende jeder Leiste befindet sich ein kleines graues Feld mit einer Pfeilspitze nach unten. Damit sind weitere Menüs erreichbar, aus denen man ganze Leisten oder auch nur einzelne Schaltflächen hinzufügen oder entfernen kann.
Der Weg: Mauspfeil auf graues Feld, es erscheint der Infotext „Optionen für Symbolleisten", **Linksklick** darauf führt zum Eintrag ***Schaltflächen hinzufügen oder entfernen***. Wer den Mauspfeil auf die Option ***Format*** zieht, erhält eine Auswahl der Optionen. Wer hingegen ***Anpassen*** mit Linksklick wählt, erhält ein neues Menüfenster. Mit der Karteikarte **Symbolleisten** schaltet man komplette Leisten an oder ab, über ***Befehle*** geht es zu den vollständigen Inhalten.

Ansichtssachen

Es kann passieren, dass Ihnen im Verlauf der Arbeit die Ansicht des Tabellenblatts zu klein wird. Dann können Sie ein größeres Bildformat für die Darstellung auf dem Monitor wählen. Das funktioniert so: In der Symbolleiste finden Sie die Angabe „**100 %**". Klicken Sie auf das ***Dreieck*** daneben, haben Sie die Auswahl zwischen festgelegten Anzeigegrößen. Klicken Sie jedoch auf die Zahl selbst, die dann auf einem blauen Hintergrund erscheint, können Sie einen beliebigen

Vergrößerungswert eingeben. Probieren Sie mehrere Einstellungen aus, bis Sie die passende gefunden haben. Das spätere Druckbild verändern Sie damit nicht.

Wichtig: Im Verlauf der Arbeiten mit Excel wachsen natürlich die Zahlenkolonnen. Dann können Sie für die Übersicht wieder zurück in eine kleinere Darstellung wechseln. Oder aber Sie verschieben den sichtbaren Bereich des Tabellenblatts mit den grauen Balken auf der senkrechten und waagerechten Bildlaufleiste. Dazu den Balken mit der Maus ansteuern und mit gedrückter linker Maustaste „ziehen“.

Die Mappen-Show

Wenn Sie Excel aufrufen, erscheint auf dem Bildschirm gleich eine Arbeitsmappe. Sie enthält drei leere Tabellenblätter, von denen immer nur eines zu sehen ist. Die anderen können aber per Klick auf den jeweiligen Karteireiter im linken unteren Rand aktiviert werden.

Plötzlich alles weg? Oder haben Sie sich nur in das falsche Tabellenblatt verklickt?

Die Zahl dieser Tabellenblätter lässt sich beliebig vergrößern oder verkleinern, man kann jedem Blatt auch einen eigenen Namen zuweisen. Damit ist es leichter wiederzufinden.

Der Vorteil: Bei umfangreichen Berechnungen können Details auf getrennten Blättern bearbeitet werden. Die Unterergebnisse lassen sich dann einem übergeordneten Blatt zuweisen.

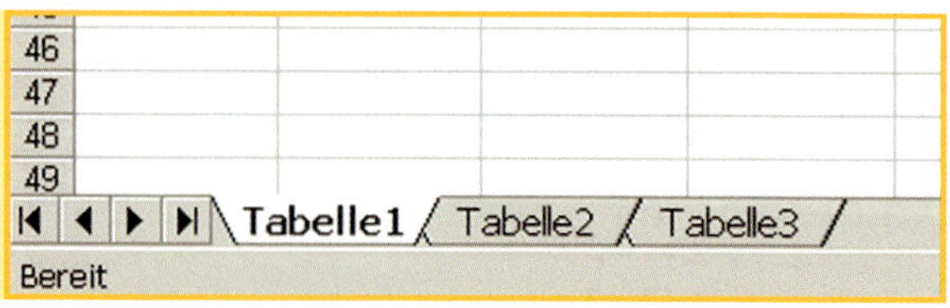

Aber das ist etwas für Fortgeschrittene – wir werden uns hier meist nur mit einem Blatt (**„Tabelle1“**) beschäftigen.

Wichtig wird der Hinweis jedoch dann, wenn man sich in ein anderes Blatt „verklickt“ hat und befürchtet, alle Eingaben seien verschwunden. Dabei sind sie in „Tabelle1“ noch vorhanden.

Arbeiten im Tabellenblatt

Nun betrachten Sie das eigentliche Tabellenblatt. Sie sehen ein leeres Gitterraster, das Sie vielleicht an ein falsch bemaltes, leeres Schachbrett erinnert. Diese Assoziation ist gar nicht so verkehrt. Auch beim Spiel der Könige gibt es an dem einen Rand fortlaufende Buchstaben, an dem anderen Zahlen. Im Kalkulationsprogramm kennzeichnen die Buchstaben die senkrechten Spalten, die Zahlen die waagerechten Zeilen.

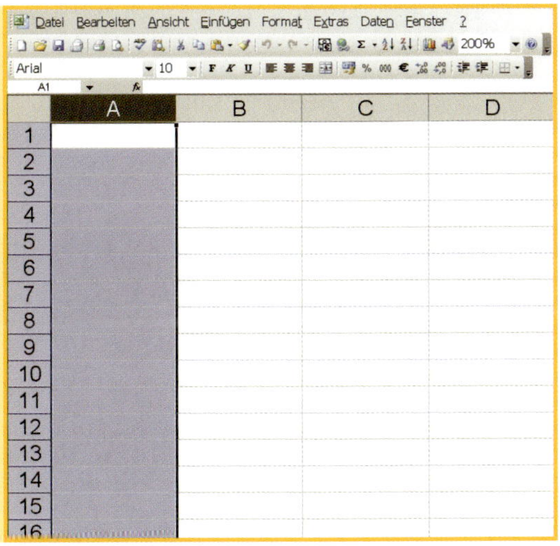

Von oben nach unten: die Spalten

Beide zusammen definieren eine Zelle – ihnen können wir ganz unterschiedliche Aufgaben zuweisen. Die eine soll nur Text aufnehmen – in einer Liste der Supermarkteinkäufe etwa die Bezeichnung ***Brötchen***. Die Zelle rechts daneben wird dann logischerweise mit dem Kaufpreis gefüllt: mit der Zahl ***5***, sie steht für 5 Euro.
Haben wir die Liste komplett eingetippt – von Brötchen über Wurst, Käse, Obst, Gemüse bis zu Waschmittel –

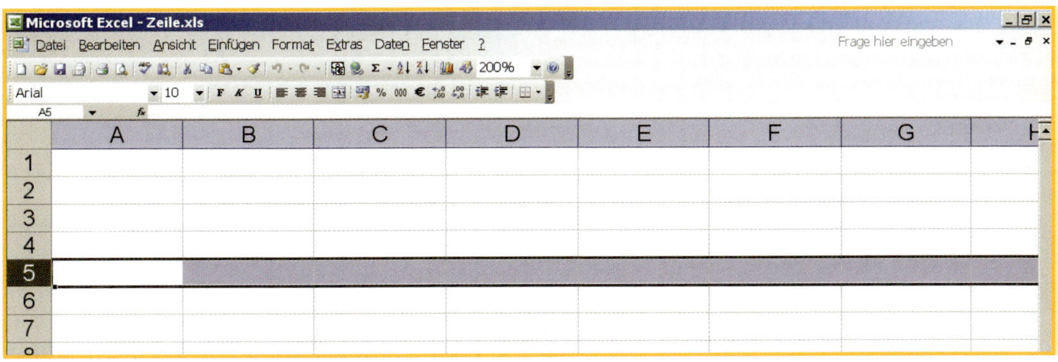

Von links nach rechts: die Zeilen

können wir in der untersten Zelle die Summe ziehen. Diese Zelle hat damit gleichsam einen doppelten Boden: Auf der Oberfläche ist die **Zahl** erkennbar, die der Summe der einzelnen Beträge entspricht. Darunter jedoch wirkt eine **Funktion**, nämlich die Anweisung: „Addiere alle Beträge aus den Zellen darüber“. Das Praktische an der Tabellenkalkulation ist: Ändert man auch nur einen Ausgaben-Posten, dann korrigieren sich alle anderen Zellen mit entsprechender Funktionszuweisung automatisch.

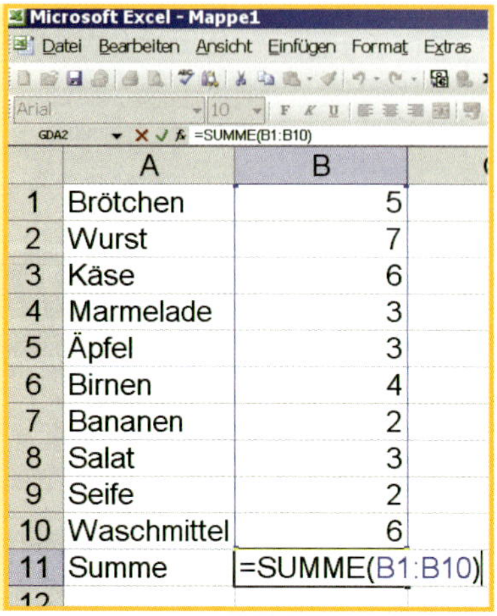

Links Text, rechts Zahlen, unten eine Summenfunktion.

Eine Zelle wird aktiv

Wir sehen also: Das Arbeitsblatt der Tabellenkalkulation stellt ein Koordinatensystem dar. Den Buchstaben, der jede Spalte kennzeichnet, nennt man **Spaltenkopf**, die Zahl, die jeder Zeile zugeordnet ist, **Zeilenkopf**. Der Name jeder Zelle setzt sich aus dem Buchstaben für die Spalte und der Zahl für die Zeile zusammen. Der Buchstabe steht dabei immer am Anfang, zum Beispiel **A1** oder **B2**. In diesem Fall wurde die Zelle **B11** aktiviert.

B11 ist im Moment die aktivierte Zelle.

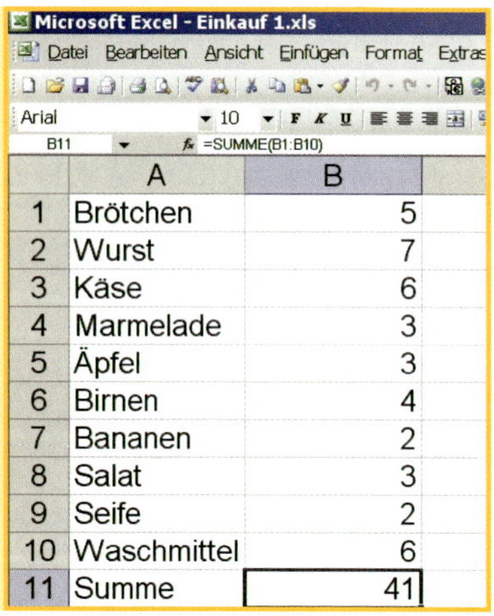

Ist eine Zelle aktiv – steht sie für Eingaben bereit –, ist sie durch eine kräftige Umrahmung hervorgehoben. Der Rahmen bildet gleichzeitig den Zellcursor. Wird ein Tabellenblatt geöffnet, ist immer die Zelle A1 aktiv. Um welche Zelle es sich während der Arbeit handelt, ist auch im **Namenfeld** ersichtlich – links über den Bezeichnungen für die Spalten. Rechts vom Namenfeld, mit dem Zeichen **fx** davor, befindet sich die **Bearbeitungsleiste**. Sie gibt den **Inhalt** der aktiven Zelle wieder. Das kann eine Zahl sein, oder eine Berechnungsformel. Damit wird die Summe der darüber stehenden Einträge gezogen. Das ist die Funktion, die der jetzt aktiven Zelle B11 zugewiesen ist. Gehen Sie auf *Datei_Speichern unter* und sichern Sie die **MAPPE 1.XLS**.

Die Bewegungen auf dem Tabellenblatt

Die Bewegungen auf dem Tabellenblatt werden mit dem **Mauszeiger** (dem Balkenkreuz) angezeigt. Ein Mausklick mit der linken Taste aktiviert die darunter liegende Zelle, sie wird nun vom **Zellcursor** (Rahmen) markiert. Man kann sich aber auch mit Hilfe der Tastatur auf dem Tabellenblatt bewegen. Wir benötigen dafür bisweilen die [Strg]-Taste, ganz links unten auf der Tastatur.

[⇤⇥]	Versetzt den Zellcursor eine Zelle nach rechts.
[⇧] + [⇤⇥]	Versetzt den Zellcursor eine Zelle nach links.
[Strg] + [Pos 1]	Versetzt den Zellcursor zur ersten Zelle des aktuellen Arbeitsblatts.
[Strg] + [Ende]	Versetzt den Zellcursor zur letzten Zelle des aktuellen Arbeitsblatts.
[Pos 1]	Versetzt den Zellcursor zur ersten Zelle der aktuellen Zeile.
[↵]	Wird gedrückt, um eine Berechnung vorzunehmen. Die Pfeiltasten können zur Platzierung des Zellcursors an beliebiger Stelle des Arbeitsblatts benutzt werden. Das geschieht schrittweise, Zelle für Zelle.

Mehr dazu unter dem Stichwort Finger-Tipps, (➔ Seite 151).

Das kleine 1x1

Zum Einmaleins einer Tabellenkalkulation gehören ohne jeden Zweifel die vier Grundrechenarten. Schließlich hilft uns das Programm bei der Bearbeitung nicht unbedingt komplizierter, aber oft langer und deshalb unübersichtlicher Aufstellungen. Privat geht es meist ums Haushaltsgeld und um Budgetprognosen fürs kommende Jahr.

Ganz ähnlich sieht es mit beruflichen Anwendungen und fiskalisch bedingten Übersichten aus, so etwa die Einnahme-Überschussrechnung in der Steuererklärung des Selbstständigen gegenüber dem Finanzamt: In jedem dieser Fälle werden Einkunftsarten **addiert**, von dieser Summe wiederum werden Ausgaben **subtrahiert**. Dabei kommen Beträge heraus, die bisweilen mit anderen **multipliziert** und durch andere **dividiert** werden müssen. Miteinander verkoppelt kommen solche Rechenarten im **Dreisatz** vor, wie er auch bei der **Prozentrechnung** angewandt wird.

Aber wir werden noch an anderen Beispielen die Vorteile einer Tabellenkalkulation nutzen. Sie machen sich dann bemerkbar, wenn standardisierte Rechenwege gebraucht werden, bei denen häufig wechselnde Zahlen schnell verarbeitet werden müssen. Eine solche Hilfe kann sogar dem Hobbybäcker dienen, wenn er die Zutaten aus einem vorhandenen Rezept etwa für einen größeren Kuchen **hochrechnen** will.

Zahlen addieren

Nun sind alle Vorreden gehalten, jetzt wird es ernst: Der Moment ist da, an dem Sie tatsächlich das erste Mal mit Excel rechnen werden. Dazu machen wir es uns ganz einfach, wir beginnen sozusagen mit dem kleinsten „Eins und Eins".

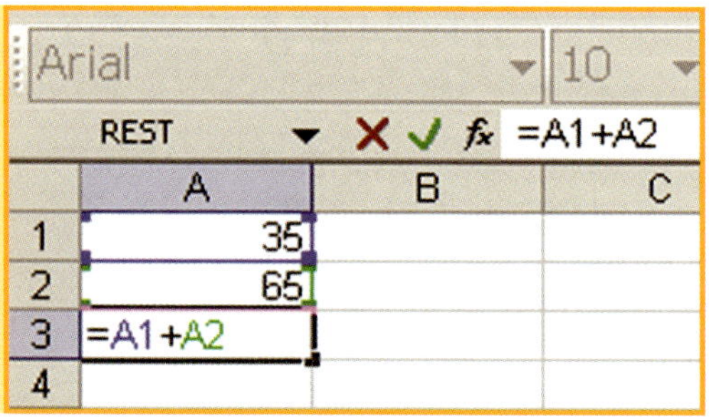

Die Formel steht in der Zelle und in der Bearbeitungsleiste.

Übung: Zwei Zahlen addieren

❶ Auf Zelle A1 klicken, um sie zu aktivieren, und ***35*** eingeben.

❷ Die Pfeiltaste nach unten ↓ drücken, um Zelle A2 zu aktivieren. ***65*** eingeben. Im Namenfeld sehen wir, wie die gerade aktivierte Zelle heißt, in der Bearbeitungsleiste daneben ist unsere Eingabe wiederholt.

❸ Die Pfeiltaste nach unten ↓ drücken, um Zelle A3 zu aktivieren. Jetzt geben wir eine Formel ein: ***=A1+A2***.

Wichtig: Eine Formel beginnt immer mit einem Gleichheitszeichen **=**, damit Excel weiß, dass es rechnen soll. In einer Formel darf es keine Leerzeichen geben. Dagegen ist es unerheblich, ob Klein- oder Großbuchstaben eingetippt werden – Excel übersetzt alles in Großbuchstaben.

Nach dem Drücken der Eingabetaste erscheint das Ergebnis der Berechnung.

❹ Auf ↵ drücken. In Zelle A3 sollte jetzt „100" stehen.

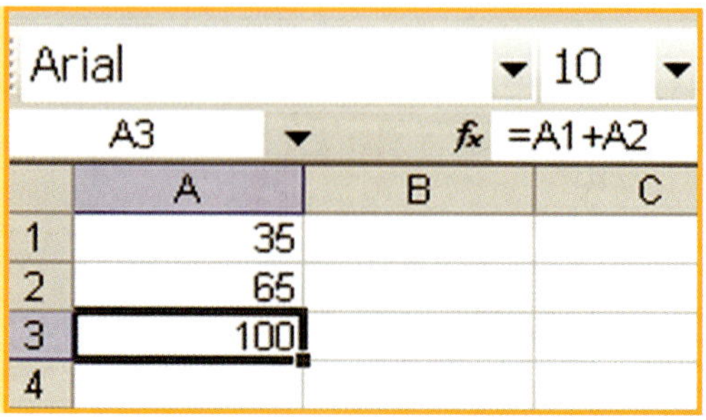

Fällt Ihnen auf, dass durch das Drücken von ↵ die Zelle A4 aktiviert wird?

❺ Die Pfeiltaste hoch ↑ drücken und Zelle A3 aktivieren. Was steht in der Bearbeitungsleiste? Richtig: die Formel ***=A1+A2*** – sie wird einfache Formel genannt, denn das Programm muss hier keine Rechenschritte zusammenfassen.

Eingabefehler berichtigen

Haben Sie sich vertippt? Eine falsche Zahl eingegeben? Das lässt sich leicht berichtigen. Allerdings muss die betreffende Zelle vor der Korrektur aktiviert werden. Handelt es sich um eine falsche Zahl, kann der richtige Wert sofort neu eingetragen werden, Sie überschreiben den alten einfach. Geht es um eine Formel, muss man entweder die Berichtigung in der Bearbeitungsleiste ausführen oder die Funktionstaste **F2** drücken, um die Formel auch in der Zelle angezeigt zu bekommen, wo man sie bearbeiten kann.
Nach Abschluss der Korrektur auf ↵ drücken, um die Zelle zu verlassen.

Übung: Drei Zahlen addieren

❶ Zelle B1 aktivieren – entweder mit den Pfeiltasten oder mit der Maus anklicken. Die Zahl ***347*** eingeben.
❷ Auf ↓ drücken, um Zelle B2 zu aktivieren. ***329*** eingeben.
❸ Auf ↓ drücken, um Zelle B3 zu aktivieren. ***768*** eingeben.
❹ Auf ↓ drücken, um Zelle B4 zu aktivieren. ***=B1+B2+B3*** eingeben.
Sollte die Formel so lang werden, dass sie in die Nachbarzelle hinüber„wächst“, dann beachten Sie das gar nicht. Das ist unerheblich, denn die Formel verschwindet später im Hintergrund – in der Zelle zu sehen ist später nur das Ergebnis der Berechnung.
❺ ↵ drücken. In der Zelle B4 sollte die Zahl 1444 stehen.
❻ Zelle B4 mit ↑ aktivieren. Was steht auf der Bearbeitungsleiste? Genau: Die Additionsformel.
Sie wächst mit jeder weiteren Zahl – das ist unpraktisch. Deshalb gibt es eine Rechenformel. Sie zeigt an, dass die Zahlenreihe von B1 bis B3 addiert werden soll.

Wie immer bei einer Formel beginnen Sie den Eintrag in die Zelle (oder in die Bearbeitungsleiste) mit einem **=**. Anschließend müssen Sie Excel angeben, dass es sich um eine Summe handeln soll. Deshalb schreiben Sie nach dem Gleichheitszeichen ***Summe***. Denken Sie stets daran: Die Formel darf kein Leerzeichen aufweisen.
Die Summe besteht aus den drei Zahlen, die in den Zellen B1, B2 und B3 stehen. Das Zusammenfassen für eine Berechnung geschieht mit dem Doppelpunkt, wobei die Zellen, die vom Programm zusammengefasst werden sollen, in Klammern gesetzt werden müssen. Die komplette Eingabe lautet also ***=Summe(B1:B3)***. Auch diese Formel wird als einfache Formel bezeichnet.

Zur Erinnerung: Vor der Rechenformel muss ein Gleichheitszeichen stehen; in der Formel darf es keine Leerzeichen geben.

❶ Die Zelle B4 markieren und auf ← drücken, um die vorige Formel zu entfernen – die Zelle ist nun leer.
❷ Die neue Summenformel eingeben und auf ↵ drücken. Sie sollten das selbe Ergebnis wie zuvor erhalten.
❸ Die Zelle B4 wieder aktivieren. Was steht jetzt in der Bearbeitungsleiste? Die Rechenformel.

Übung: Viele Zahlen addieren

Geht es um größere Zahlenreihen, die in einer Spalte addiert werden sollen, kommen wir ohne eine solche Summenformel gar nicht mehr aus – eine Additionsformel wie ***=B1+B2+B3*** für zwölf oder mehr Zahlen einzutippen, ist nicht nur umständlich, sondern birgt auch die Gefahr von Eingabefehlern. Bisweilen brauchen Sie jedoch die Addition mit dem Pluszeichen, nämlich dann, wenn Inhalte addiert werden sollen, die nicht direkt benachbart sind. Das sehen wir uns jetzt einmal genauer an.

❶ Lassen Sie die Zahlen in den Spalten A und B aus den vorangegangenen Übungen einfach stehen und beginnen Sie jetzt in Zelle C1: Geben Sie in elf fortlaufende Zellen dieser Spalte beliebige Zahlen ein.
❷ Aktivieren Sie die Zelle C13 und fügen Sie die Formel ***=Summe(C1:C12)*** ein.
❸ Achten Sie darauf, dass die Zellnamen von Klammern eingefasst sind: **(**C1:C12**)**.
❹ Auf [↵] drücken – Sie sehen, die Zahlen der Spalte C sind ebenfalls addiert.
❺ Aktivieren Sie nacheinander jedes der drei Ergebnisse (der Spalten A, B und C), und klicken Sie jedes Mal auf das Symbol **F** in der Formatleiste (oder drücken Sie gleichzeitig die [⇧]-, die [Strg]- und die [F] -Taste), damit die Ergebnisse in Fettdruck erscheinen.
❻ Aktivieren Sie die Zelle D2, und fügen Sie die Formel ***=A3+B4+C13*** ein.
❼ Auf [↵] drücken – Sie sehen, die Inhalte aller drei Zellen sind korrekt addiert. Aus den drei Zwischensummen wurde die richtige Gesamtsumme berechnet.

Wichtig: Für die Berechnung mit der Formel ***=A3+B4+C13*** ist es nicht erforderlich, dass die Zellen in der selben Spalte oder Zeile liegen, sie können an beliebigen Stellen des Tabellenblatts stehen. Das kann später nötig werden, wenn Sie Zellen auswerten, die Ergebnisse von Berechnungen enthalten.
Die Addition mit der Summenformel (***=Summe(A1:C13)*** zum Beispiel) lässt nicht so viele Freiheiten zu.
Zwar können Sie damit auch über die Spaltengrenzen hinaus gehen, also die Zahlen eines Feldes aus Spalten und Zeilen addieren, nur dürfen darin (zum Beispiel) keine Summen aus dem Inneren des Feldes stehen.

Aufpassen: =Summe(A1:C13) addiert auch die Zwischensummen. Sie ist hier also fehl am Platz.

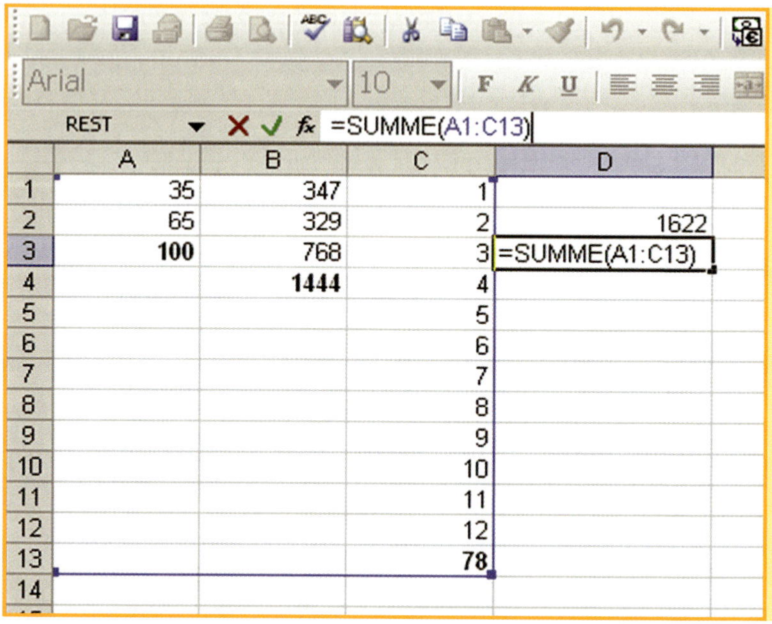

Um das darzustellen, bauen Sie nun bewusst und absichtlich einen logischen Fehler in die Berechnung ein:
Aktivieren Sie die Zelle D3 und fügen Sie die Formel **=Summe(A1:C13)** ein.
Welches Ergebnis erscheint? Genau: Es ist die Summe aller Zellen, also auch der Zwischenergebnisse der einzelnen Additionen. Und das wäre etwa in einem Haushaltsbuch ein böser Fehler. Das Ergebnis dieser Falschrechnung wäre die Zahl 3244, sie entspräche also dem Doppelten der ursprünglich eingegebenen Beträge. Der richtige Wert (1622) steht nach wie vor in der Zelle darüber, weil wir dort mit der für diese Aufgabe korrekten Formel **=A3+B4+C13** gearbeitet haben.

Kontrollfunktion: Alle Zellbezüge der Berechnung werden markiert.

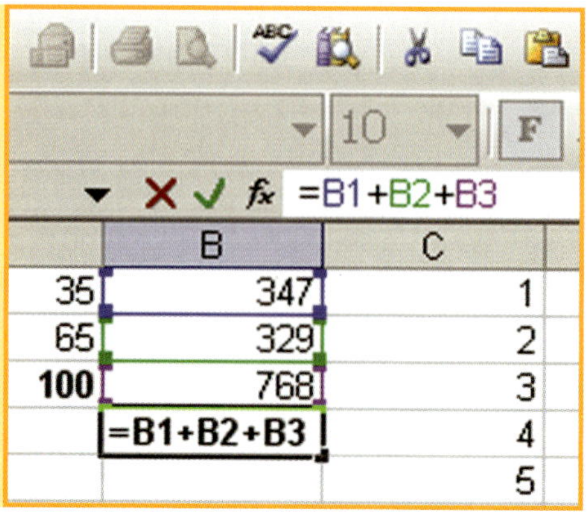

Wichtig: Excel rechnet schon ein bisschen damit, dass wir vielleicht den einen oder anderen Fehler begehen. Das Programm führt zwar die Berechnung klaglos aus, doch wenn Sie die Zelle aktivieren und in die Bearbeitungsleiste klicken, verändert sich die Ansicht der Tabelle: Nun sind die Bezüge der Berechnung markiert, das Feld der Zahlen, auf die sich die Addition bezieht, wird von blauen Linien umrahmt. Das gilt auch dort, wo alles stimmt – Sie sollen halt immer wissen, was das Programm gerade getan hat. Um die Übersicht zu erhöhen, werden die Zellen sogar jeweils unterschiedlich markiert, hier in Blau für B1, Grün für B2 und Violett für B3. Und dies ist nur eine von vielen Kontrollfunktionen in Excel.

Zahlen subtrahieren

Im Leben und auf dem Konto gibt's leider nicht nur „Plus“, sondern auch „Minus“. Dem Rechner macht das nicht viel aus, und Ihnen wird es auch leicht von der Hand gehen:

Übung: Zwei Zahlen voneinander abziehen

❶ Drücken Sie gleichzeitig auf [Strg] und [Pos1], um zu Zelle A1 zu gelangen. (Die Taste [Pos1] befindet sich bei abgesetzten Tastaturen im Bereich des Zahlenblocks, der 7 zugeordnet. Auf Laptops sucht man sie vergeblich. Hier hilft die Maus am besten.)

❷ Geben Sie in A1 die Zahl ***55*** ein.

❸ Auf [↓] drücken, um Zelle A2 zu aktivieren. ***28*** eingeben.

❹ Auf [↓] drücken, um Zelle A3 zu aktivieren. ***=A1-A2*** eingeben.

❺ Auf [↵] drücken.

❻ Zelle A3 aktivieren.

Das Ergebnis sollte 27 lauten, in der Bearbeitungsleiste steht die Subtraktionsformel.

Übung: Subtraktion mit mehreren Zahlen

Von der Zahl 256 sollen drei andere Zahlen abgezogen werden. Die Berechnung wird in Spalte C ausgeführt.

❶ Mit der Maus aktivieren Sie Zelle C1 und geben ***256*** ein.
❷ Auf ↓ drücken, um Zelle C2 zu aktivieren. ***26*** eingeben.
❸ Auf ↓ drücken, um Zelle C3 zu aktivieren. ***79*** eingeben.
❹ Auf ↓ drücken, um Zelle C4 zu aktivieren. ***51*** eingeben.
❺ Auf ↓ drücken, um Zelle C5 zu aktivieren. ***=C1-C2-C3-C4*** eingeben.
❻ Auf ↵ drücken.

Auch hier sehen Sie, wie schnell es zu einer sehr langen Formel kommen kann. Und je mehr Eingaben gemacht werden, desto größer ist die Gefahr, dass Fehler geschehen. Wer eine solche Aufgabe mit Papier und Bleistift lösen will, addiert zunächst all jene Zahlen zu einer Summe, die vom ersten Wert abgezogen werden sollen. Genau so kann man es auch in einer Tabellenkalkulation machen.
Die Zahlen der Zellen C2, C3 und C4 werden also addiert, die Formel dafür kennen Sie bereits: ***=Summe(C2:C4)***. Diese Summe wird anschließend von C1 abgezogen. Die endgültige Formel lautet daher: ***=C1-Summe(C2:C4)***. Hierbei handelt es sich um eine zusammengesetzte Formel.
Wichtig: Bitte achten Sie auch hier wieder auf das Gleichheitszeichen, die Klammern und darauf, keine Leerstellen einzufügen.

❶ Zelle C5 aktivieren und ← drücken, um das Ergebnis der vorangegangenen Berechnung zu löschen.
❷ Die neue, zusammengesetzte Formel in Zelle C5 eingeben und ↵ drücken.
Erhalten Sie das selbe Ergebnis wie zuvor? Es sollte so sein.

Übung: Plus und Minus in derselben Aufgabe

Lösen Sie diese Aufgabe:

568 + 89 + 19 – 92 – 40 – 88 – 56.

Auf dem Papier würden Sie zuerst die drei „Plus-Zahlen" und dann die vier „Minus-Zahlen" addieren. Anschließend zögen Sie die Ergebnisse der beiden Additionen voneinander ab. Auf dem Blatt einer Tabellenkalkulation kann man das ganz ähnlich machen.

Symbol für „Neues leeres Dokument"

❶ Rufen Sie eine neue Arbeitsmappe auf. Gehen Sie dazu mit dem Mauspfeil auf jenes Element der Symbolleiste, das wie ein frisches Blatt Papier aussieht. Nach einer halben Sekunde erscheint dort ein kleines Schild mit der Aufschrift **Neu**. Das entspricht in Word dem Symbol für „Neues leeres Dokument". Klicken Sie auf das ***Blatt-Symbol***.

❷ Geben Sie nun die Zahlen untereinander in Spalte A ein.

❸ Aktivieren Sie die Zelle A8.

❹ Die ersten drei Zahlen sollen addiert werden. Die Formel dafür lautet: ***=Summe(A1:A3)***. Das ist die Summe der „Plus-Zahlen".

❺ Danach sollen die letzten vier Zahlen zusammengezählt werden. Die Formel: ***=Summe(A4:A7)***. Das ist die Summe der „Minus-Zahlen".

❻ Nun werden die beiden Teilergebnisse voneinander abgezogen. Die komplette zusammengesetzte Formel dafür sieht so aus: ***=Summe(A1:A3)-Summe(A4:A7)***

Wichtig: Dabei darf es nur ein Gleichheitszeichen geben, das vor der Formel. Und achten Sie wieder auf die korrekte Klammerung.

❼ Die Formel in Zelle A8 eingeben und ↵ drücken.

❽ Aktivieren Sie A8 erneut. Was steht jetzt in der Bearbeitungsleiste?

❾ Drücken Sie die Funktionstaste F2. Die zusammengesetzte Formel steht nun auch in Zelle A8. Und wieder sind die Farbmarkierungen der Bezüge zu sehen:

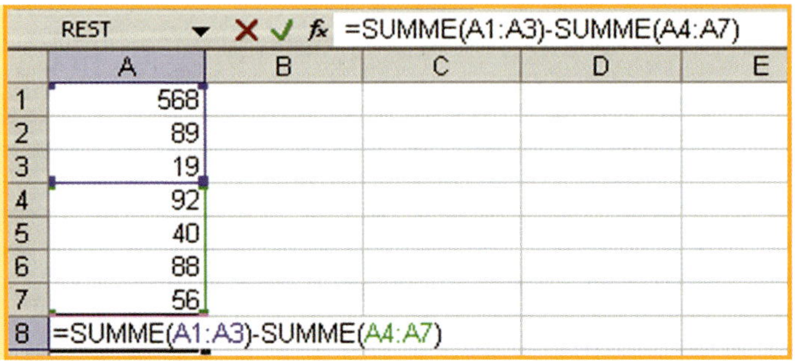

❿ Drücken Sie ↵, schon erscheint das Rechenergebnis in der Zelle A8.

Zwei Summen werden voneinander subtrahiert.

Es geht noch einfacher

Excel kann sowohl mit positiven („Plus"-) als auch mit negativen („Minus"-) Zahlen arbeiten. Wenn eine Zahl in eine Zelle eingegeben wird, ist sie für den Rechner ein positiver Wert. Wird die Zahl jedoch mit einem Minuszeichen am Anfang eingegeben, wird sie als negative Zahl betrachtet, also als ein Wert, der (meist) von einem anderen abgezogen werden muss.

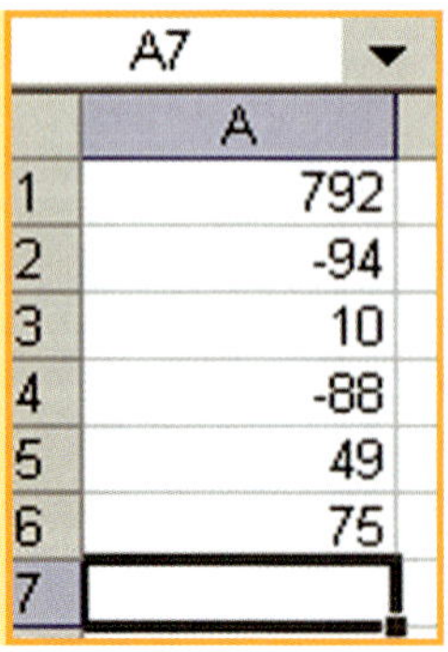

Positive und negative Zahlen

Übung: Summe aus positiven und negativen Zahlen

❶ Geben Sie die Zahlen der folgenden Tabelle in Spalte A ein.

❷ Vor negativen Zahlen fügen Sie das Vorzeichen **–** ein, („Minus", in Word entspricht es dem Trenn- oder Gedankenstrich). Zwischen Zeichen und Zahl darf keine Leerstelle sein.

Die Berechnung ist als Addition einer Summe von positiven und negativen Zahlen zu verstehen:

❸ In die aktivierte Zelle A7 geben Sie diese Rechenformel ein: ***=Summe(A1:A6)***.

❹ Auf ↵ drücken – Erhalten Sie 744 als Ergebnis?

Summenzeichen

Übung: Auto-Summe mit ∑

❶ Geben Sie in einer Spalte zwölf Zahlen untereinander ein.

❷ Die freie Zelle direkt unter diesen Zahlen sollte jetzt aktiviert sein – falls Sie aus einem anderen Bearbeitungsbereich hierher zurückkehren, aktivieren Sie sie.

❸ Klicken Sie auf das mit dem Zeichen ∑ markierte Feld der Symbolleiste. Ein gepunkteter Linienrahmen umfasst die Zellen mit den Zahlen, in der markierten Zelle steht die Formel.

❹ Auf ↵ drücken – die Addition wird ausgeführt.

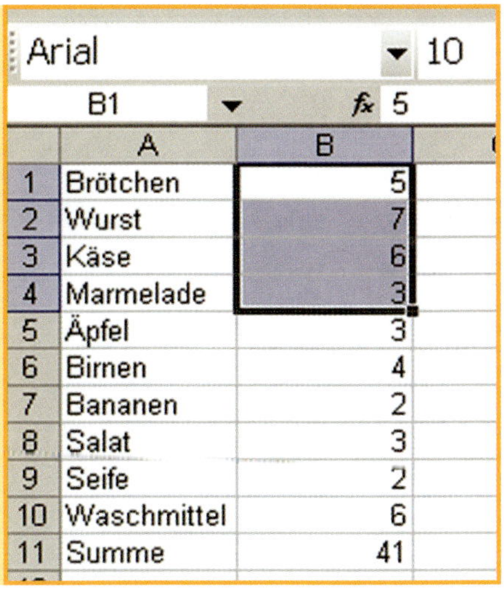

	A	B
1	Brötchen	5
2	Wurst	7
3	Käse	6
4	Marmelade	3
5	Äpfel	3
6	Birnen	4
7	Bananen	2
8	Salat	3
9	Seife	2
10	Waschmittel	6
11	Summe	41

In den ersten vier Zeilen sind die Preise jener Waren markiert, die man für das deftige Frühstück braucht.

Diese Funktion ist nur bei Additionen verwendbar, sie arbeitet jedoch auch mit negativen Zahlen, also solchen, die ein Minus-Vorzeichen tragen.

Wichtig: In der mit Zahlen gefüllten Spalte dürfen sich keine leeren Zellen befinden: Auto-Summe addiert sonst nämlich nur die Zahlen, die unter der leeren Zelle stehen. Ergibt es sich in einer Aufstellung dennoch einmal, dass in einige Zellen kein Wert einzutragen ist, dann müssen diese Zellen mit einer Null gefüllt sein.

Auto-Summe addiert aber auch Zellen, die zuvor markiert wurden. Nehmen wir dazu unsere Einkaufsliste aus der Einführung wieder zur Hand und prüfen, was jener Teil der Einkäufe gekostet hat, den wir fürs deftige Frühstück brauchen: Brötchen, Wurst, Käse und Marmelade.

❶ Streichen Sie mit gedrückter linker Maustaste die Spalte B hinab, von B1 neben dem Wort „Brötchen“ bis B4 neben „Marmelade“. Die Zellen werden markiert.

❷ Klicken Sie dann auf das mit dem Zeichen ∑ markierte Feld auf der Symbolleiste.
❸ Die Addition der markierten Positionen findet sich in Zelle B11. Allerdings müssen Sie nun ganz genau auf diese Zelle mit dem Rechenergebnis blicken. In ihrem linken oberen Eck ist jetzt nämlich ein winziges grünes Dreieck aufgetaucht, dessen Bedeutung Sie nicht unterschätzen sollten.

Warnung: Die Summe bezieht nicht alle Zellen der Spalte ein!

Excel hätte von sich aus alle Zellen (von B1 bis B10) in die Addition einbezogen. Das entspräche ja auch der korrekten Anwendung des Summenbefehls. Sie haben jedoch absichtlich nur die ersten vier (von B1 bis B4) markiert. Das Programm hat das gemerkt und weiß nicht, dass Sie gar keinen Fehler begangen haben. Es protestiert nun vorsichtshalber. Das geschieht zunächst dezent mit dem erwähnten grünen Dreieck. Aktiviert man die Zelle aber, dann erscheint ein gelbes Quadrat, das auf einer Spitze steht und ein Ausrufezeichen enthält. Rechts neben dem Symbol befindet sich ein Dreieck, klickt man drauf, öffnet sich ein Auswahlmenü:

Die Optionen für die Korrektur

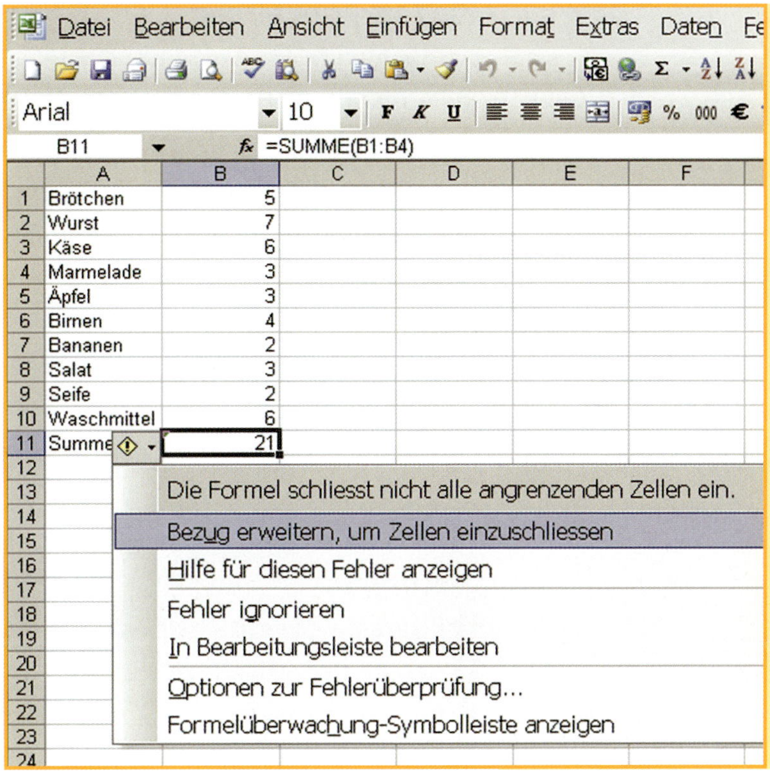

Wir wissen ja nun, wie teuer das Frühstück war (21 Euro) – also können wir auf die erste Zeile des Menüs klicken ***Bezug erweitern...***, und alles ist wie zuvor: Die Summe umfasst jetzt wieder alle Posten des Supermarkteinkaufs.

Vorsicht: Das Klicken auf ***Fehler ignorieren*** wird von Excel kommentarlos akzeptiert. Alle Warnsymbole verschwinden, auch das kleine grüne Dreieck. Dass hier ein schlimmer Fehler lauert, ist nur noch dann zu erkennen, wenn man die Zelle aktiviert und die Funktionstaste **F2** drückt.

Erst dann wird der (für den Fortlauf der Arbeit möglicherweise zu knapp gefasste) Bezug wieder angezeigt. Die Option „Fehler ignorieren" gehört also eindeutig in die Rubrik „Manchmal ganz nützlich, aber auch immens gefährlich".

Weitere Funktionen

Wo Sie gerade auf der Symbolleiste bei der Schaltfläche für die Auto-Summe sind, klicken Sie doch einmal in das kleine Dreieck daneben. Hier sind auf schnellem Wege weitere Funktionen erhältlich, zum Beispiel die zur Ermittlung des Mittelwerts, des Maximums und des Minimums. Das brauchen Sie zwar im Moment nicht, es ist aber gut zu wissen, wo man es schnell erreichen kann.

Übung: Rechenaufgaben mit positiven und negativen Zahlen

Zurück zum bisher Gelernten. Rechnen Sie folgende Aufgaben durch:

❶ 89 + 123 – 34 – 98 + 258 – 58 – 74 + 451 + 47 – 65 – 89 + 98
❷ 63 – 45 + 56 – 853 + 52 – 821 + 5 – 69 + 103 + 52 – 8 + 861
❸ Die Summe von 34 + 58 + 89 + 23 ist von der Summe von 894 + 657 + 991 abzuziehen.

Übung: Rechenaufgaben mit Dezimalzahlen

Bisher haben Sie nur mit ganzen Zahlen gerechnet. Aber mit Dezimalzahlen geht das natürlich auch. Zur Trennung der ganzen von den Dezimalstellen benutzen Sie – wie auf dem Papier – das Komma. Der Punkt wird für Tausender-Trennungen verwendet.

Und nun ein Beispiel aus dem Alltag: Peter hat 100 Euro im Portemonnaie. Er kommt an der Bank vorbei und hebt 200 Euro ab. Dort trifft er seinen Freund Jan, der ihm noch 15 Euro schuldet. Die bezahlt Jan nun. Anschließend geht Peter einkaufen. Er ersteht ein Paar Strümpfe für 9,95 Euro

und eine Fahrradleuchte für 15,45 Euro. Außerdem kauft er noch ein Hemd für 34,55 Euro.
Dann fällt ihm ein, dass er seiner Liebsten eigentlich auch einen Blumenstrauß mitbringen wollte. Gesagt, getan – Preis: 12,50 Euro. Die Frage: Wie viel Geld hat Peter in seinem Portemonnaie, als er nach Hause kommt?

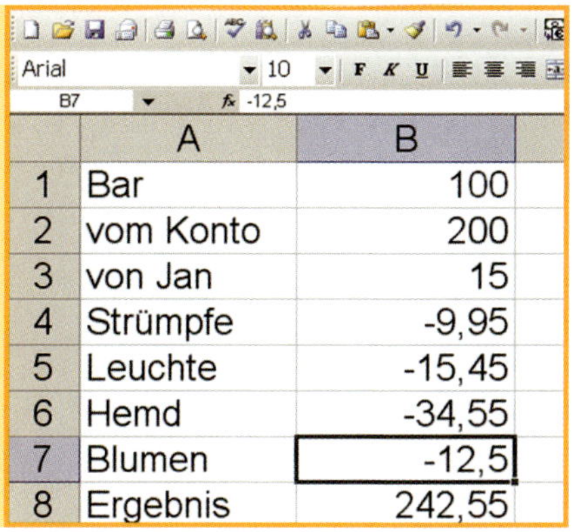

	A	B
1	Bar	100
2	vom Konto	200
3	von Jan	15
4	Strümpfe	-9,95
5	Leuchte	-15,45
6	Hemd	-34,55
7	Blumen	-12,5
8	Ergebnis	242,55

Rechnen mit Dezimalstellen

Sicher, die Dezimalstellen sehen in dem Beispiel nicht gar so gut aus – es fehlt noch die Formatierung, die dafür sorgt, dass stets zwei dieser Nachkommastellen angezeigt werden. Unformatiert jedenfalls nimmt Excel dort Nullen nicht an. Aus 12,50 Euro werden also 12,5 Euro – unschön, aber zu ändern. Doch das gehört zum nächsten Kapitel.

Multiplikation

Bei Addition und Subtraktion setzen Sie Plus- und Minuszeichen ein, bei der Multiplikation den Stern (*, er ist auf der Tastatur über dem Pluszeichen, also gemeinsam mit der ⇧-Taste zu erreichen). Das Rechenverfahren jedoch läuft genauso, wie Sie es bei Plus- und Minuszeichen gemacht haben. Los geht's:

Übung: Multiplikation

❶ Zelle B2 aktivieren, ***25*** eingeben.
❷ Zelle C2 aktivieren, ***40*** eingeben.
❸ Zelle D2 aktivieren, ***35*** eingeben.
❹ Zelle E2 aktivieren, ***=B2*C2*D2*** eingeben.
❺ Auf ↵ drücken.

Division

Zur Division wird der Schrägstrich (/) verwendet. Er befindet sich auf dem Buchstabenblock der Tastatur auf der 7, mit der ⇧-Taste zu erreichen, auf dem Nummernblock liegt er über der 8 (manchmal auch mit ÷ gekennzeichnet).

Übung: Division

❶ Zelle E3 aktivieren, ***459*** eingeben.
❷ Zelle E4 aktivieren, ***27*** eingeben.
❸ Zelle E5 aktivieren, ***=E3/E4*** eingeben.
❹ Auf ↵ drücken.
Versuchen Sie nun, 45 durch 9 zu teilen,
danach 256 durch 8 und 4.

Übung: Gemischte Aufgaben

Benutzen Sie dabei bitte den einfachsten, kürzesten Lösungsweg, wenn es in einer Aufgabe nur positive und negative Zahlen gibt. Wenden Sie in den Aufgaben 2, 3, 4 und 5 zusammengesetzte Formeln an.

❶ 262 + 268 – 496 +287 – 321
❷ 48 * 17 – 361 / 19
❸ (115 + 232 + 653) / 50
❹ (256 * 12) / 96
❺ Addieren Sie die Zahlen 34, 458, 27, 112 und 2, ziehen Sie dann die Summe der Zahlen 52, 95, 37 und 19 davon ab.
❻ 258 – 425 + 89 – 320 – 125 + 158 + 365

Klicken Sie ***Datei_Speichern unter...*** an (bei Unsicherheiten lesen Sie die Infos zum Thema „Speichern“ auf Seite 136).
Speichern Sie die Arbeit unter **GEMISCHTE AUFGABEN.XLS**.

Hier gibt's Prozente

Die Prozentrechnung ist eine besondere Form von Division und Multiplikation. Da wir sie im Alltag häufig benötigen, sei auch sie hier vorgestellt. Excel bietet eine Prozent-Formatierung an, uns geht es aber um den Rechenweg.

Generell stellen sich aus der Praxis dabei zwei Aufgaben, wobei der Verbraucher deutlich häufiger die erste der beiden zu lösen hat:
❶ Der Verkaufspreis ist bekannt. Nun soll errechnet werden, welchen Anteil davon die Mehrwertsteuer ausmacht,
❷ Sie kennen den Grundpreis und wollen durch Aufschlag der Mehrwertsteuer den Verkaufspreis ermitteln.

Für die Frühstücksbrötchen haben Sie einen Gesamtpreis von 5 Euro gezahlt, die Mehrwertsteuer von 7 % für Lebensmittel (aktuell zum Zeitpunkt des Redaktionsschlusses) inklusive. Das bedeutet, dass Sie die 5 Euro durch 107 teilen und dann mit 100 multiplizieren müssen, um zum Netto-Grundpreis (vor Steuer) zu gelangen. Wollen Sie die Rechnung bei einer Steuererhöhung schnell anpassen können, müssen Formeln eingesetzt werden, die nicht mehr so einfach sind. Aber Sie haben ja die Aufgaben bisher gut bewältigt, da dürfte das Folgende keine unüberwindliche Hürde sein.

❶ Der Netto-Grundpreis errechnet sich so: Waren-Endpreis geteilt durch (100 plus Steuersatz) multipliziert mit 100. Die Formel dafür, wie sie in Zelle D2 gehört: ***=B2/(100+C2)*100***.
Auf richtigen Bezug in den Folgezeilen achten: ***=B3*** und ***C3***...
❷ Der Steuerbetrag: Waren-Endpreis geteilt durch (100 plus Steuersatz) multipliziert mit dem Steuersatz. Die Formel dafür, wie sie in Zelle E2 eingetragen wird: ***=B2/(100+C2)*C2***

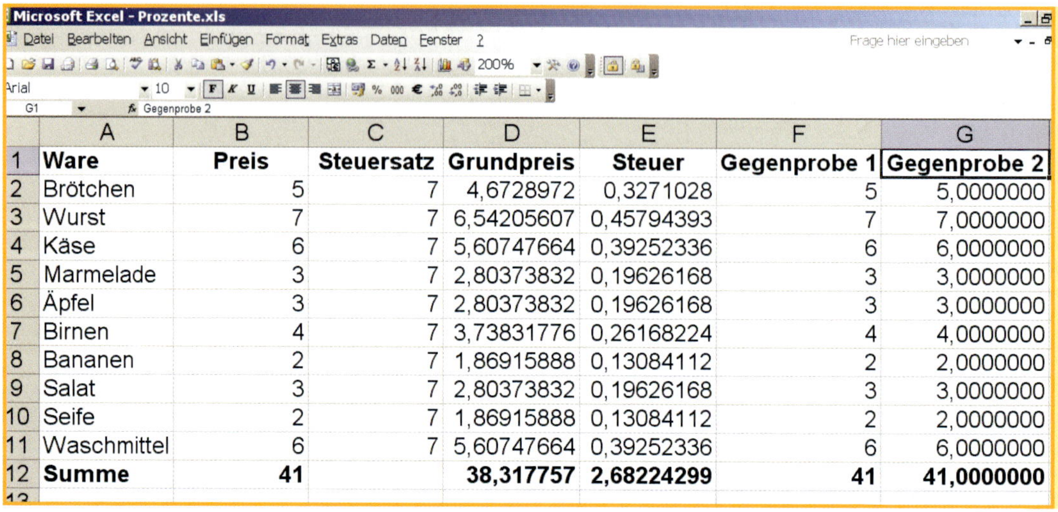

Microsoft Excel - Prozente.xls

	A	B	C	D	E	F	G
1	**Ware**	**Preis**	**Steuersatz**	**Grundpreis**	**Steuer**	**Gegenprobe 1**	**Gegenprobe 2**
2	Brötchen	5	7	4,6728972	0,3271028	5	5,0000000
3	Wurst	7	7	6,54205607	0,45794393	7	7,0000000
4	Käse	6	7	5,60747664	0,39252336	6	6,0000000
5	Marmelade	3	7	2,80373832	0,19626168	3	3,0000000
6	Äpfel	3	7	2,80373832	0,19626168	3	3,0000000
7	Birnen	4	7	3,73831776	0,26168224	4	4,0000000
8	Bananen	2	7	1,86915888	0,13084112	2	2,0000000
9	Salat	3	7	2,80373832	0,19626168	3	3,0000000
10	Seife	2	7	1,86915888	0,13084112	2	2,0000000
11	Waschmittel	6	7	5,60747664	0,39252336	6	6,0000000
12	**Summe**	**41**		**38,317757**	**2,68224299**	**41**	**41,0000000**

Hochprozentiges: Sieht wegen der vielen Dezimalstellen komplizierter aus, als es ist.

❸ Gegenprobe 1: Man addiert den errechneten Netto-Grundpreis mit dem errechneten Steuersatz. Die Formel: ***=D2+E2***

❹ Gegenprobe 2: Man nimmt den errechneten Netto-Grundpreis und addiert (Netto-Grundpreis geteilt durch 100) mal Steuersatz hinzu. Die Formel dafür: ***=D2+(D2/100)*C2***

Merken Sie's? Die Gegenprobe 2 ist auch die Lösung für die oben genannte Aufgabenstellung 2.

❺ Klicken Sie auf der Menüleiste *Datei_Speichern unter...* an, speichern Sie die Arbeitsmappe unter dem Namen **PROZENTE.XLS**.

Nachschlag für Wissenshungrige

Es gibt immer Menschen, die noch mehr wissen wollen, sobald sie ein Problem gelöst haben. Deshalb hier der Hinweis, wo sich eine große Zahl von Rechenfunktionen befindet: Klicken Sie auf das Symbol *fx* zwischen Namenfeld und Bearbeitungsleiste (was jetzt folgt, ist auch über das oben erwähnte

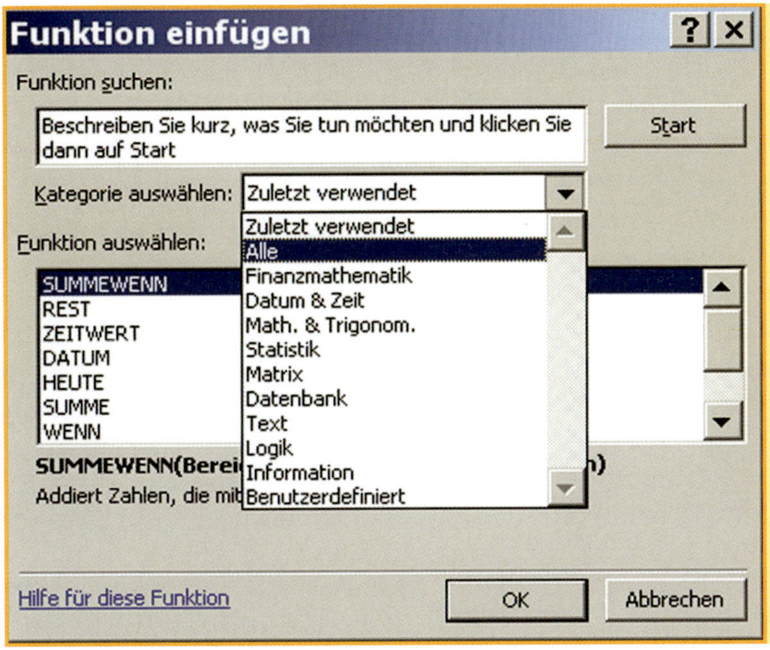

fx anklicken, Auswahlmenü von „Kategorie auswählen" über das kleine Dreieck öffnen.

Auswahlmenü am Symbol für die Auto-Summe zu erreichen). Es öffnet sich eine Dialogbox, die eine Fülle mathematischer und sonstiger Funktionen bereithält. Erklärungen und Beispiele gibt es in der blau markierten Hilfe-Option.

Bedingungsabfrage: Was ist, wenn...

Eine der wichtigsten Entscheidungshilfen ist die Abfrage von Bedingungen: Wenn schönes Wetter herrscht, geh' joggen, sonst in die Sauna. Excel kann zwar nicht nach dem Wetter sehen, aber Zellen darauf untersuchen, ob bestimmte Werte vorliegen. Daraus können weitere Folgen abgeleitet werden. Das üben wir zunächst mit Worten und dann mit Zahlen, wobei wir damit durchaus über das kleine Einmaleins hinaus gehen. Wir können nämlich Vergleiche anstellen, mit **größer als...** und **kleiner als...**

Übung: Bedingungsabfrage mit Text

❶ Öffnen Sie ein leeres Tabellenblatt.

❷ Schreiben Sie diese Formel in die Zelle B1:
=WENN(A1="schön";"Joggen";"Sauna")

❸ Drücken Sie ↵.

❹ Sie sehen: so lange die Zelle A1 leer ist, erscheint in B1 „Sauna".

❺ Geben Sie in A1 nun ***schön*** ein.

❻ Sie werden von Excel zum Joggen aufgefordert. Solche Bedingungsabfragen machen in einer Tabellenkalkulation natürlich viel häufiger Sinn, wenn sie mit Zahlen verknüpft sind. Wir werden das mal mit der Temperatur durchspielen:

Übung: Bedingungsabfrage mit Zahlen

❶ Tippen Sie in die Zelle D1: ***=WENN(C1<30;"Joggen";"Schwimmen")*** Das Zeichen für **kleiner als** (**<**) befindet sich auf der Tastatur neben der Leertaste, möchten Sie das für **größer als** (**>**), müssen Sie zusätzlich die ⇧-Taste drücken.

❷ Geben Sie in C1 nun ***29*** ein. Sie dürfen Joggen. Ab 30 und mehr Grad hingegen sollen Sie lieber schwimmen.

Sie sehen: Die Bedingungsabfrage beginnt wieder mit einem Gleichheitszeichen, dann schließt sich der Logikbefehl zum Abgleich an: **Wenn**. Die Bedingung folgt ohne Leerstelle.
Im ersten Beispiel war es ein Wort, das in einer Zelle stehen und einem vorgegebenen entsprechen muss, um eine bestimmte Auswirkung des Programms auszulösen. Hier nun ist es eine Zahl, die Angabe der Temperatur.
Diesmal können wir große Zahlenbereiche nehmen, das geht mit der Verhältnisabfrage „größer als..." oder „kleiner als...".
Ist der eingegebene Wert kleiner als die Vorgabe, wird die

„Dann-Folge“ ausgelöst, ist sie größer, die „Sonst-Folge“. Alle Einträge werden mit dem Semikolon voneinander getrennt. Was aber, wenn es Winter ist und bittere Kälte herrscht? Sprich: Kann man die Bedingungsabfrage noch weiter staffeln? Ja, das geht, es wird nur mit jeder Staffelung etwas komplizierter, den Überblick zu behalten:

❶ Tippen Sie in die Zelle F1 diese Formel: ***=WENN(E1<0;“Ski-fahren“;WENN(E1<30;“Joggen“;“Schwimmen“))***
❷ Sie haben die „Sonst-Folge“ also noch einmal mit einer „Wenn-dann-Sonst-Funktion“ gefüllt. Achten Sie darauf, dass diese Abfrage mit zwei Klammern abgeschlossen wird. Je mehr dieser Abfragestufen Sie einführen, desto mehr Klammern müssen verwendet werden: Jedes „Wenn“ erfordert eine eigene Klammer.
❸ Probieren Sie in Zelle E1 unterschiedliche Zahlenwerte aus. Bei Minusgraden gehen Sie auf die Bretter.
❹ Lassen Sie spaßeshalber die Zelle E1 völlig leer. Sie sehen: Excel richtet sich nun nicht nach dem niedrigstmöglichen Wert, der wäre ja kleiner als Null. Eine leere Zelle wird vom Programm als „mit nichts gefüllt“ betrachtet. „Nichts“ ist dann Null, also weder ein positiver, noch ein negativer Wert.

Übung: Überziehungszinsen berechnen

Nun mögen diese Beispiele in einer Tabellenkalkulation allenfalls Verwendung finden, wenn es um die Berechnung eines Kalorienzählers geht. Doch auch in einem Haushaltsprogramm hat die „Wenn-Abfrage“ ihre Bedeutung. Nämlich dann, wenn Ihr Kontostand in die Miesen rutschen sollte. Der Dispokredit Ihrer Bank springt ein, und dafür macht sie Zinsen geltend. Sprich: Der Saldo verschlechtert sich noch mehr:

❶ Schreiben Sie in die Zelle J1 die Formel: **=WENN(I1<0;I1/100*10;0)**. Bitte aufpassen: das „I" ist hier ein großes „i".
❷ In die Zelle K1 gehört: **=SUMME(I1+J1)**
❸ Geben Sie in I1 nun abwechselnd positive und negative Zahlen ein.

Sie sehen: Solange kein Minuszeichen vor der Zahl in I1 steht, bleibt die Bedingung aus, der Wert der Zelle J1 ist Null, weil Sie es im „Sonst-Wert" so eingegeben haben. Füllen Sie aber I1 mit einem negativen Wert, tritt die „Dann-Funktion" in Aktion: Die Zelle J1 füllt sich mit dem Zinswert, in diesem Fall zehn Prozent. Und in K1 wird dann alles addiert, das Gesamtergebnis sieht also noch schlimmer aus als in I1, leider...

Einen Ecktisch in der Tabellenkalkulation berechnen – das geht, und noch viel mehr.

Trigonometrie: Ein Tisch, der hat drei Ecken

Anwendungen für die Trigonometrie gibt es viele – in jedem Haushalt. Stellen Sie sich vor, in Ihrem Wohnzimmer steht eine Ecke frei, die Sie gut für einen Tisch (oder ein Regal) nutzen könnten, nur dreieckig sollte er sein. Als größte Tiefe in die Wandecke hinein wären maximal 40 Zentimeter angemessen, sonst wirkt er zu wuchtig. Aber wie lang ist dann die Diagonale vorn? Wie lang sind die Seiten an den beiden Wänden? Und was hat ein solches Problem mit einer Tabellenkalkulation zu tun?

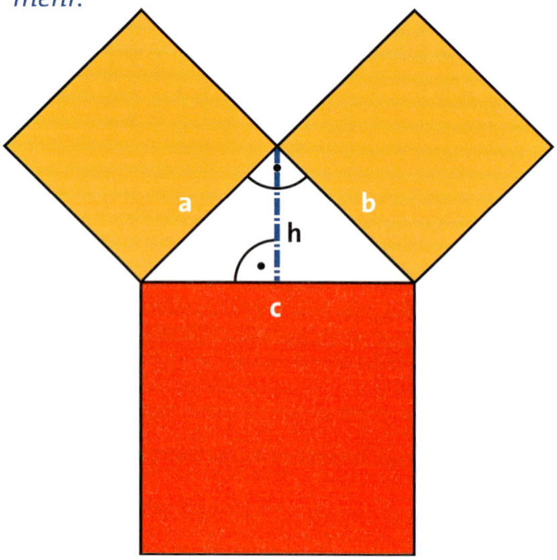

Um die letzte Frage zuerst zu beantworten: Viel. Denn gerade mit Hilfe eines solchen Programms lassen sich Berechnungen dieser Art einfach ausführen, vor allem dann, wenn man die vorgegebenen Werte (Hier: die Tiefe) zum Experimentieren und Ausprobieren mehrfach variieren möchte, ohne alles immer wieder neu per Bleistift und Papier ausrechnen zu müssen. Man ändert einfach den Vorgabewert, drückt ↵, und schon erhält man die neuen Folgewerte.

Zurück zum Ecktisch. Am einfachsten berechnet sich das für das rechtwinklige, gleichschenklige Dreieck. Das, was als „Tiefe“ zur Wandecke hin angenommen wird, gilt bei der geometrischen Betrachtung eines Dreiecks als „Höhe“. Diese Höhe fällt lotrecht von der Spitze des rechten Winkels auf die lange Seite des Dreiecks, die Hypotenuse.

Schnelle Berechnung: Die gewünschte Tiefe wird eingetippt, alle anderen Daten errechnen sich daraus.

Wie Sie sehen, teilt die Höhe das Dreieck aber auch in zwei gleich große Hälften, ebenfalls rechtwinklige, gleichschenklige Dreiecke. Und damit sind die Höhe und die Hälfte der Hypotenuse gleich lang (in diesem Fall 40 Zentimeter). Die Hypotenuse unseres Ecktischs, die Tisch-Diagonale in unserer Ecke, misst daher 80 Zentimeter. Aber wie lang sind die beiden Seiten an den Wänden entlang? Da hilft uns der Lehrsatz des Pythagoras: $a^2 + b^2 = c^2$. Mit a und b sind die Katheten gemeint, mit c die Hypotenuse. Das heißt:

	A	B
1	**Pythagoras**	
2		
3	Dreieckiger Ecktisch, vorgegeben	
4	wird eine bestimmte Tiefe, gesucht	
5	wird die Länge der Seiten:	
6		
7	gewünschte Tiefe	38,8 cm
8	ergibt eine Diagonale von	77,6 cm
9	ergibt c-Quadrat	6021,76
10	geteilt durch 2	3010,88
11	Wurzel daraus entspricht	
12	der Länge der Seiten (Katheten)	**54,9 cm**

Die gewünschte Tiefe mal zwei ergibt die Hypotenuse, daraus das Quadrat bilden (gleich c^2), es halbieren, daraus die Quadratwurzel ziehen, das liefert die gesuchte Seitenlänge.

Übung: Dreiecksberechnung

❶ Die Spalte A wird mit erklärendem Text gefüllt, damit Sie den Überblick zu jeder Zahl behalten.
❷ Die Zellen B1 bis B6 lassen Sie leer, B7 bleibt frei für die Eingabe des gewünschten Wertes,
❸ Zelle B8 aktivieren, ***=B7*2*** eingeben,
❹ Zelle B9 aktivieren, ***=POTENZ(B8;2)*** eingeben. Der Funktionsbefehl „Potenz" steht für das Multiplizieren eines Wertes mit sich selbst (in Zelle B8), die 2 steht für die „Hochzahl" 2, also für das einmalige Multiplizieren. Getrennt werden diese Teile der Formel durch ein Semikolon.
❺ Zelle B10 aktivieren, ***=B9/2*** eingeben,
❻ Zelle B12 aktivieren, ***=WURZEL(B10)*** eingeben, fertig.
Geben Sie nun in Zelle B7 den gewünschten Wert ein und drücken Sie ↵, schon wird das Ergebnis der Berechnung (in Zelle B12) angezeigt. Und das jedes Mal, wenn Sie einen neuen Ausgangswert eintragen, sooft Sie wollen.

Beispiel Dreisatz: Jetzt wird gebacken!

Bis jetzt lief ja alles wie das sprichwörtliche Brötchenbacken – und selbst dafür könnte man eine Tabellenkalkulation einsetzen. Brötchen wären für eine solche Anwendung freilich zu simpel, uns geht es darum, mit möglichst vielen Zahlen zu rechnen, und dazu gehören viele Zutaten. Also wird's ein Kuchen. Es soll ein großer Kuchen werden, einer, der wesentlich größer ist als jener, der uns vom Rezept vorgeschlagen wird.

	A	B	C	D
1	**Zutat**	**Gewicht (gr.)**	**Prozentanteil**	**neues Rezept**
2				
3	Mehl	100,00	32,6	325,73
4	Zucker	25,00	8,1	81,43
5	Butter	35,00	11,4	114,01
6	Backpulver	5,00	1,6	16,29
7	Rosinen	25,00	8,1	81,43
8	Salz	2,00	0,7	6,51
9	Nüsse	12,00	3,9	39,09
10	Marzipan	33,00	10,7	107,49
11	Eier (anteilig in Gramm)	30,00	9,8	97,72
12	Milch (der Liter zu 1000 Gramm)	40,00	13,0	130,29
13				
14	**Gewicht Ursprungsrezept**	**307,00**	**100,0**	**1000,00**
15				
16				
17	**Zielgewicht neues Rezept**	**1000,00**		
18				

Zutaten eines Rezepts für ein neues Gesamtgewicht berechnen. Die einzelnen Werte passen sich ans Zielgewicht an.

Rechnerisch geht es also um das, was Fachleute verschiedener Branchen gern als „Hochskalieren" bezeichnen, um das Übersetzen eines vorgegegebenen Maßstabs auf einen gewünschten anderen. In diesem Fall soll uns der Computer detailliert sagen können, wieviel mehr an Zutaten wir für einen Marzipanstollen brauchen, wenn das Endergebnis ein bestimmtes Gewicht erreichen soll.

Die hier verwendeten Mengenvorgaben sind frei erfunden, wir wollen ja nur das Rechenprinzip durchschauen. Auch dabei hilft uns wieder der Dreisatz, den wir zum besseren Verständnis schrittweise anwenden werden.
Suchen Sie sich also ein passendes Rezept mit zehn bis zwölf Zutaten aus dem Kochbuch, wenn Sie anschließend tatsächlich am Ofen loslegen wollen.

Übung: Mengenangaben berechnen

❶ In Spalte A geben Sie fortlaufend untereinander die Begriffe für die Zutaten ein, je mehr, desto besser für die Tabelle, an der Sie üben sollen. In Spalte B kommen die jeweils dazu gehörenden Grammangaben aus dem Rezept in Ihrem Kochbuch.

❷ Wäre es vielleicht interessant zu wissen, wie viel Prozent Butter sowie Nüsse und Marzipan der Stollen enthält? Es ist kein Problem, per Dreisatz die prozentualen Anteile der Zutaten herauszurechnen: Die Gesamtsumme („Gewicht Ursprungsrezept“) verhält sich zum Gewicht des Mehls wie 100 zu X Prozent. Rechnerisch geht das so:
Wir lösen die Gleichung nach der einen Unbekannten X auf und erhalten die erst einmal in Worte gefasste Formel:
100 Gramm Mehl multipliziert mit 100 geteilt durch Gesamtsumme („Gewicht Ursprungsrezept“). Damit es jetzt auch noch Excel schmeckt, müssen Sie also in die Zelle C3 eingeben: ***=(B3*100)/B14.*** Die Klammern um B3*100 braucht die Tabellenkalkulation eigentlich nicht, nur für uns wird es damit etwas geordneter und übersichtlicher.

❸ Füllen Sie die neun weiteren Zellen der Spalte C aus. Bedenken Sie dabei, dass das Programm stets durch den Inhalt der Zelle B14 (Gesamtsumme aller Zutaten-Gewichte) teilen muss:
Für die Zelle C4 ergibt sich also die Formel: ***=(B4*100)/B14***, für die Zelle C5 die Formel ***=(B5*100)/B14*** – und so weiter, in diesem Beispiel bis zur Zelle C12 ***=(B12*100)/B14***.

❹ Als Gegenprobe geben Sie darunter (wegen der besseren Lesbarkeit ist eine Leerzeile eingefügt, also ist nun die Zelle C14 gemeint) noch die Summenformel ***=SUMME(C3:C12)*** ein – nur zur Sicherheit, dass alle errechneten Anteile addiert tatsächlich 100 Prozent ergeben.

❺ Nun benötigen Sie einen Zielwert für das neue Rezept, damit das Rechenbeispiel einen Sinn ergibt. Nehmen wir dafür der Einfachheit halber für das Gesamtgewicht der Zutaten ein Kilogramm. Dass die Milch beim Backen Wasser verdunsten lässt und damit das Endgewicht dann doch ein bisschen kleiner ausfällt, lassen wir mal außer Acht. Schwund ist schließlich immer. Außerdem wollen wir uns die Rechnung nicht noch durch das Einfügen eines „Milchfaktors" zu kompliziert gestalten. Möglich wäre das jedoch durchaus.
❻ Jetzt wird die Proportion zwischen dem „Ursprungsgewicht" (in Zelle B14) und dem „Zielgewicht" (in Zelle B17) dem Dreisatz entsprechend für jede Zutat berechnet, sprich: „Mehlgewicht neu" verhält sich zu „Mehlgewicht alt" wie „Zielgewicht" zu „Ursprungsgewicht".
Wir lösen die Gleichung nach „Mehlgewicht neu" hin auf – „Zielgewicht" mal „Mehlgewicht alt" geteilt durch „Ursprungsgewicht" ergibt das „Mehlgewicht neu". Und das wird nach der Berechnung in der Zelle ausgewiesen.
In die Zelle D3 gehört daher die Formel: ***=(B17*B3)/B14***.
Vergessen Sie nicht: Auch hierbei gilt, dass in jeder folgenden Zelle der Spalte D stets die Zelle B17 als Bezugsgröße erscheinen muss. Für D4 ergibt sich also: ***=(B17/100)*C4***, für D5 folgerichtig ***=(B17/100)*C5***.
❼ Nun prüfen wir unten noch mit der Summenformel ***=SUMME(E3:E12)***, ob auch alles stimmt – fertig ist unsere Backtabelle.
❽ Probieren Sie mal, dem Rezept etwa mehr Butter beizufügen (Zelle B5). Überschreiben Sie die 25 Gramm der Eingabe mit ***45***. Sie sehen, wie sich die Gewichte der anderen Zutaten entsprechend ihrem verringerten Prozentanteil ändern.
❾ Speichern sie die Tabelle im Ordner **RECHNUNGEN** unter dem Namen **BACKEN.XLS**

Hat wirklich alles geklappt?

Gratulation, das war der bislang größte Happen an Formeln, den Sie haben eingeben müssen. Deshalb sollten wir zur Sicherheit noch einmal nachsehen, ob tatsächlich alles seine Ordnung hat – es soll ja richtig funktionieren. Die Darstellung auf dieser Seite zeigt Ihnen, wie alle Berechnungsformeln auszusehen haben.

	A	B	C
1	**Zutat**	**Gewicht (gr.)**	**Prozentanteil**
2			
3	Mehl	100,00	=(B3*100)/B14
4	Zucker	25,00	=(B4*100)/B14
5	Butter	25,00	=(B5*100)/B14
6	Backpulver	5,00	=(B6*100)/B14
7	Rosinen	25,00	=(B7*100)/B14
8	Salz	2,00	=(B8*100)/B14
9	Hefe	12,00	=(B9*100)/B14
10	Marzipan	33,00	=(B10*100)/B14
11	Eier (anteilig in Gramm)	30,00	=(B11*100)/B14
12	Milch (der Liter zu 1000 Gramm)	40,00	=(B12*100)/B14
13			
14	**Gewicht Ursprungsrezept**	**=SUMME(B3:B12)**	**=SUMME(C3:C12)**
15			
16			
17	**Zielgewicht neues Rezept**	**1000,00**	

Im großen Überblick betrachtet sind sie ja eigentlich schon fast von langweiliger Eintönigkeit. In den Zellen der Spalte C etwa wird immer nur der vorangegangene Wert der betreffenden Zeile mit 100 multipliziert und durch das Ursprungs-

D
neues Rezept
=B17*B3/B14
=B17*B4/B14
=B17*B5/B14
=B17*B6/B14
=B17*B7/B14
=B17*B8/B14
=B17*B9/B14
=B17*B10/B14
=B17*B11/B14
=B17*B12/B14
=SUMME(C3:C12)

Gesamtgewicht geteilt. Auch die Berechnung der neuen Zutatengewichte (in Spalte D) ist gar nicht kompliziert. Deshalb braucht das Programm auch nur den Bruchteil einer Sekunde für seine Arbeit.
Und damit zeigt sich der Vorteil einer Tabellenkalkulation sehr anschaulich: Sie übernimmt das sture Abarbeiten von Berechnungen, das uns – nur mit Papier und Bleistift ausgerüstet – für längere Zeit aufhalten und sehr schnell nerven würde. Von der Gefahr des Irrtums durch Flüchtigkeitsfehler einmal ganz abgesehen.
Die einzige Fehlerquelle, die Sie mit Sorgfalt ausschließen müssen, ist in der Spalte C der Teiler: Es ist immer die Summe der Gewichte des Ursprungsrezepts. Ähnliches gilt auch für die Formeln in der Spalte D.

Und noch ein wichtiger Hinweis: Wer die einzelnen Gewichtsangaben der Zutaten für das Kilo-Rezept mit dem Taschenrechner addiert, wird nicht immer genau auf 1000 Gramm kommen. Das kann an Rundungsfehlern liegen – etwa dann, wenn Excel nicht erlaubt wird, die Nachkommastellen zu zeigen. Erst dann sähe man nämlich die exakten Zahlen, und schon würde die Rechnung wieder stimmen.

Diese Darstellung der Tabelle soll Ihnen allerdings nur eine Hilfe bei Problemen geben, für den Fall, dass Sie alle Formeln auf richtige Schreibweise überprüfen möchten. Wenn Sie in der Tabellenkalkulation arbeiten, werden Sie nur die Formel jeweils einer bestimmten Zelle so aufrufen können. Wir haben für die Abbildung ein bisschen getrickst, indem wir die Zellen so formatierten, dass sie alle Eingaben nur als Text betrachten, nicht als auszuführende Formel. Das werden Sie im anschließenden Kapitel selbstverständlich auch lernen.

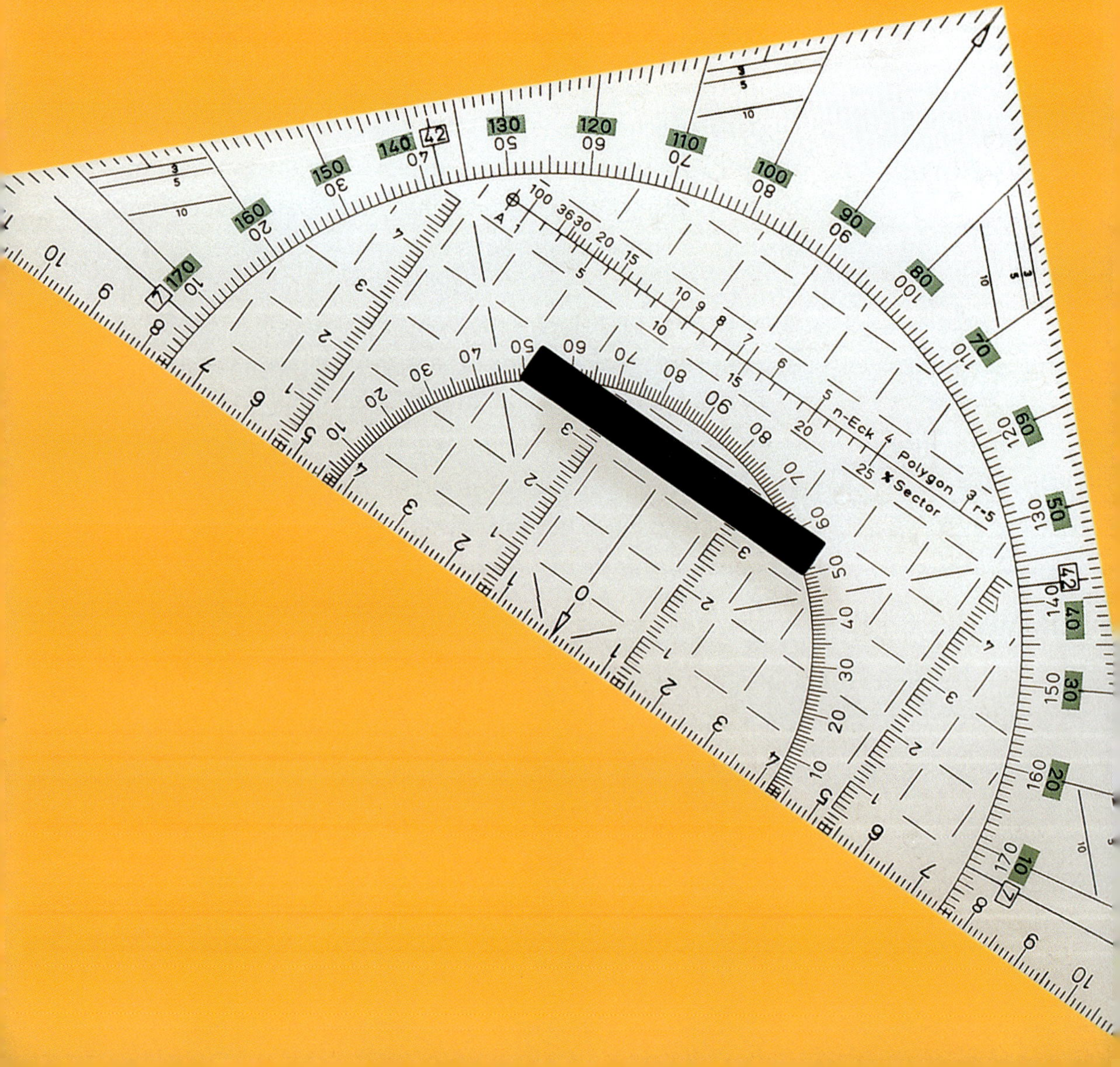
n-Eck
Polygon
Sector

Stets das passende Werkzeug

Jetzt haben Sie schon ein genaueres Bild davon, was man mit einer Tabellenkalkulation anfangen kann. Aber die bisherige Arbeit verlief noch etwas umständlich, zudem blieb die Darstellung ein bisschen unübersichtlich. Deshalb müssen Sie den Werkzeugkasten kennen lernen, der Ihnen alles einfacher macht. Auf seinem Deckel steht das Wort **Formatierung**. Nur führen solche Behälter ihr Eigenleben – irgendwann sind sie so sortiert, wie es die Aufgaben im Haushalt verlangen.

Bei Excel sieht es ähnlich aus: Viele Hilfsmittel der Handhabung, die der Purist nicht alle unter „Formatierung" einsortiert, gehören einfach zusammen. Und plötzlich liegen halt **Maßeinheiten** neben **Darstellungsweisen von Zahlen** und „echten" **Formatierungen** von Zellen. Schlimmer: Wir holen uns auch noch Werkzeuge aus anderen Schränken. Das Ziel ist der Weg, und das Ziel heißt: Übersicht, schnell!

Ein Beispiel: Es braucht in einer Zelle noch gar keine Zahl zu stehen, dennoch kann man ihr vorab schon eine bestimmte Aufgabe zuweisen. Und tippt man dann nur die Zahl ein, schon wird sie auf dem Tabellenblatt in der vorgesehenen Weise etwa als Währung dargestellt, sogar mit zwei Dezimalstellen. Dies und etliche andere **Hilfsmittel der Vereinfachung** unserer Arbeit sehen wir uns nun an.

Tabellenbereiche markieren

Wer ein Werkstück bearbeiten will, muss es dafür erst befestigen, also mit einer Zange festhalten oder in einen Schraubstock spannen. In einer Tabellenkalkulation sind die Zellen unser Werkstück. Jede Zelle kann etwa für die Aufnahme von Text oder Zahlen eingerichtet werden, ohne dass Einfluss auf die anderen genommen wird. Das, was bearbeitet werden soll – eine Zelle oder mehrere davon gleichzeitig – muss zuvor markiert werden.

Wollen Sie die Zellen einer ganzen Spalte markieren, müssen Sie in den Buchstaben am Kopf der Spalte klicken – auf den bereits eingangs erwähnten ***Spaltenkopf***.

Wollen Sie die Zellen einer Zeile markieren, müssen sie auf die Zahl am Kopf der Zeile klicken – auf den ***Zeilenkopf***.

Die Zelle, in der der Zellcursor steht, ist schwarz umrahmt. Sie ist damit aktiviert.

Mehrere nebeneinander liegende Zellen markieren: Mit gedrückter linker Maustaste über das Tabellenblatt ziehen.

Wollen Sie mehrere, nebeneinander liegende Zellen markieren, platzieren Sie den Zellcursor zunächst in der Zelle, die als erste markiert werden soll. Dann halten Sie die linke Maustaste gedrückt und ziehen die Maus über die zu markieren-

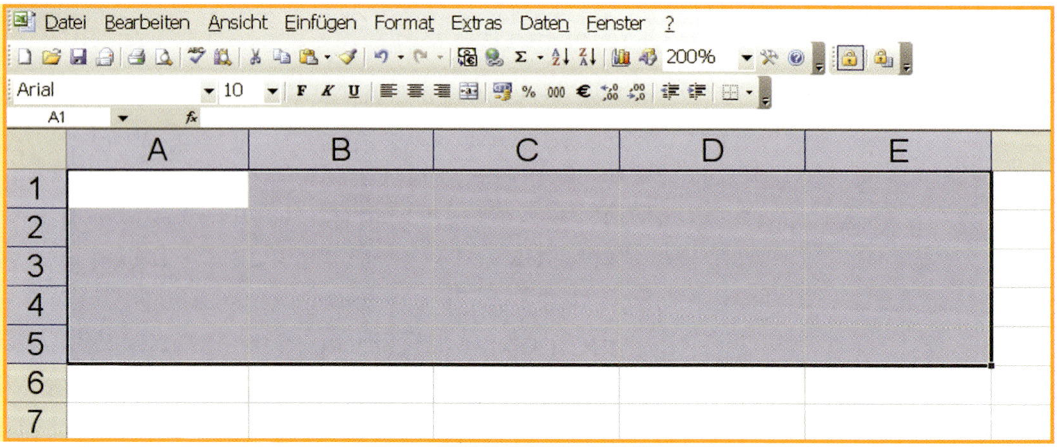

den Zellen hinweg. Den selben Effekt erzielen Sie übrigens, wenn Sie die ⇧-Taste gedrückt halten und die der gewünschten Richtung entsprechende Pfeiltaste drücken. Manche Excel-Nutzer halten diese Vorgehensweise für einfacher. Soll ein größerer Bereich aneinander liegender Zellen markiert werden, können Sie die Maus (gedrückte linke Taste) beliebig über das Tabellenblatt ziehen – es ist unerheblich, ob Sie zuerst senkrecht und dann waagerecht vorgehen, oder umgekehrt. Selbst der diagonale Weg ist möglich.

Das ganze Tabellenblatt markieren

Das gesamte Tabellenblatt markieren Sie, indem Sie eine Zelle aktivieren und Strg + A drücken. Sie können aber auch in das Feld oben links über der ***1*** klicken. Das Tabellenblatt nimmt damit eine graublaue Färbung an. Bitte beachten Sie, dass die erste markierte, also die aktivierte Zelle, keine andere Farbe erhält.

Das gesamte Tabellenblatt markieren Sie mit einem Klick auf das Feld über der 1.

Die große Markierung aufheben

Drücken Sie auf eine Pfeiltaste oder klicken Sie mit der Maus ins Tabellenblatt: Die große Markierung wird aufgehoben.

Ziehpunkt am Zellcursor

In der rechten unteren Ecke einer aktiven Zelle befindet sich ein kleines Quadrat – der Ziehpunkt. Wenn der Mauszeiger auf diesen Punkt geschoben wird, ändert sich die Cursorform in ein **+**.

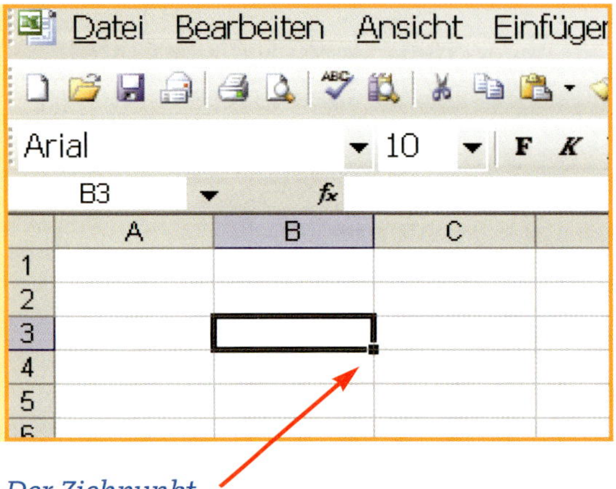

Der Ziehpunkt

Der Ziehpunkt vereinfacht die Arbeit. Mit ihm kann man nicht nur das Format, sondern sogar eine Formel von einer Zelle in die nächste(n) kopieren, er passt die Inhalte der Zellen (die Formeln darin) automatisch an:
Mit dem Ziehpunkt kann also ganz einfach eine Rechentabelle angelegt werden.

❶ Aktivieren Sie die Zelle A1. Geben Sie eine ***1*** ein. Aktivieren Sie nun die Zelle A2, geben Sie eine ***2*** ein. Markieren Sie beide Zellen.

❷ Platzieren Sie den Mauszeiger im Ziehpunkt von A2, drücken Sie die linke Maustaste und bewegen Sie die Maus mit weiterhin gedrückter Taste hinunter bis zur Zelle A15. Lassen Sie die Maustaste los. Die Zellen wurden automatisch mit einer fortlaufenden Zahlenreihe gefüllt.

❸ Geben Sie in Zelle B1 eine ***3*** und in Zelle B2 eine ***6*** ein. Markieren Sie beide Zellen. Bewegen Sie den Ziehpunkt von B2 mit gedrückter Maustaste bis zur Zelle B10. Nun ist die entstandene Zahlenreihe nicht mehr fortlaufend, sie hat den Abstand der beiden ersten Zahlen übernommen.

Andere Möglichkeiten:

❹ Rufen Sie die ***Tabelle 2*** auf und geben Sie in Zelle B1 ***Januar*** ein, in Zelle C1 ***Februar***. Markieren Sie beide Zellen und bewegen Sie den Ziehpunkt waagerecht bis zur Spalte O.

❺ Klicken Sie auf *Tabelle 3*. Geben Sie in Zelle A1 ***Montag*** ein, in Zelle A2 ***Dienstag***. Markieren Sie beide Zellen und bewegen Sie den Ziehpunkt senkrecht bis zur Zeile A14.
❻ Geben Sie in die Zelle B1 das Datum ***01–04–06*** ein, in die Zelle B2 ***02–04–06***. Beachten Sie dabei die Schreibweise. Markieren Sie die beiden Zellen und bewegen Sie den Ziehpunkt bis Zelle B14.
Sie sehen: Jede dieser Reihen wird von Excel automatisch fortgesetzt. Üben Sie den Aufbau solcher Abfolgen noch ein wenig, dann schließen Sie die Mappe ohne zu speichern.

Tabellenbereiche kopieren

Im Verlauf der späteren Arbeit möchten Sie die Inhalte von Zellen kopieren. Auch das geht ganz einfach:
❶ Markieren Sie die zu kopierenden Zellen.
❷ Klicken sie mit der rechten Maustaste drauf. Es öffnet sich ein Auswahlmenü.
❸ Klicken Sie auf *Kopieren*.
❹ Suchen Sie sich einen freien Bereich und aktivieren Sie die erste (linke) Zelle dort.
❺ Klicken sie mit der rechten Maustaste drauf. Es öffnet sich wieder das Auswahlmenü.
❻ Klicken Sie auf *Einfügen*.
❼ Die gewünschten Zellen sind jetzt kopiert.
❽ Neben der Einfügung sehen Sie das Kopier-Klemmbrett mit einem kleinen Dreieck rechts daneben.
❾ Klicken Sie drauf und ein Auswahlmenü erscheint mit den Möglichkeiten der Formatübernahme. Soll die neue Zeile aussehen wie die kopierte? Soll sie sich optisch in den Bereich einfügen, in dem sie jetzt steht?

Sollen es nicht die Formeln sein, die auf den neuen Standort angepasst werden, sondern nur die Werte, die im Ursprungsbereich stehen? Sie haben die Wahl.
⑩ Die zu kopierende Vorlage bleibt noch im Kopierspeicher, Sie können den Einfügevorgang also anschließend an anderer Stelle fortsetzen – so lange, bis Sie die Esc -Taste drücken.

Eine Rechnung formatieren

Sie haben es in früheren Aufstellungen gesehen: Excel akzeptiert in unformatierten Zellen alle möglichen Zahlen und stellt sie der Eingabe gemäß dar – ob sie nun als ganze Zahl (Beispiel: 7) eingetippt worden ist, oder als Dezimalzahl mit einer (7,5) oder gar zwei und mehr Nachkommastellen (7,65). Alles, was kommt, wird rechtsbündig in die Zelle gestellt. Das stört bei Rechnungen, denn hier sollen die Beträge ja ordentlich eingefügt werden, mit zwei Dezimalstellen. Und das soll immer geschehen, also auch dann, wenn es vom Betrag her nicht notwendig ist – der Nachkommawert also Null beträgt.

Wichtig: Zellen können umformatiert werden, damit sie ihre Inhalte übersichtlich präsentieren. Das Formatieren eines Zellinhalts ausdrücklich als Text ist nur selten erforderlich – Excel erkennt ja von allein, was eine Zahl ist (die in der Zelle rechtsbündig dargestellt wird), und was ein Text (linksbündig). Es gibt aber Ausnahmen, nämlich dann, wenn man einen Texteintrag eintippt, der vom Programm als Formel oder Bezug gewertet wird: der Eintrag „=A17“ als Textangabe zum Beispiel einer Buslinie. Formatiert man die Zelle nicht als Text, wird in ihr die Formel ausgeführt oder der Inhalt von A17 wiedergegeben.

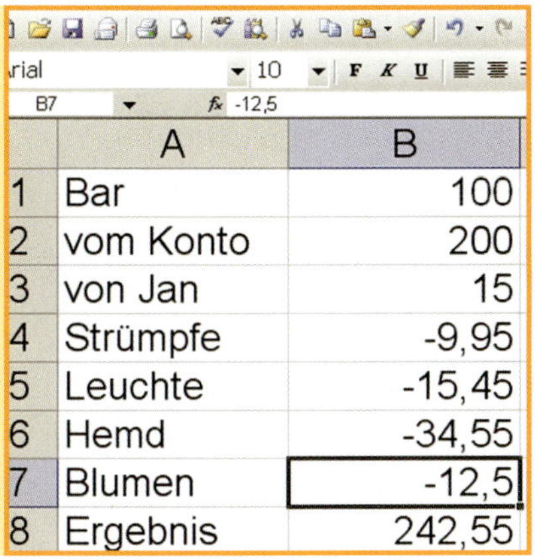

Diese Zahlenaufstellung (nur Spalte B) kopieren wir sechs Mal nebeneinander in ein neues Tabellenblatt.

Übung: Zahlenformate zuweisen

❶ Öffnen Sie ein **neues Tabellenblatt**. Fügen Sie in Spalte A jene acht Beträge ein, die in der nebenstehenden Tabelle in Spalte B zu sehen sind (beachten Sie also den Text nicht).

❷ Aktivieren Sie die Zelle A1 und ziehen Sie die Maus mit gedrückter Taste bis auf die letzte gefüllte Zeile. Alle sind nun markiert. Per Rechtsklick erscheint ein Auswahlmenü. Klicken Sie auf ***Kopieren*** und dann auf die Zelle B1. Ein erneuter Rechtsklick, dann im Auswahlmenü auf ***Einfügen***. In der Spalte B ist nun eine Kopie der Zahlenreihe zu sehen. Wiederholen Sie den Kopiervorgang weitere vier Mal bis in die Spalte F.

❸ Markieren Sie alle Zahlen in der Spalte B. Klicken Sie mit der rechten Maustaste. Wählen Sie im Auswahlmenü den Eintrag ***Zellen formatieren***. Es erscheint diese Dialogbox:

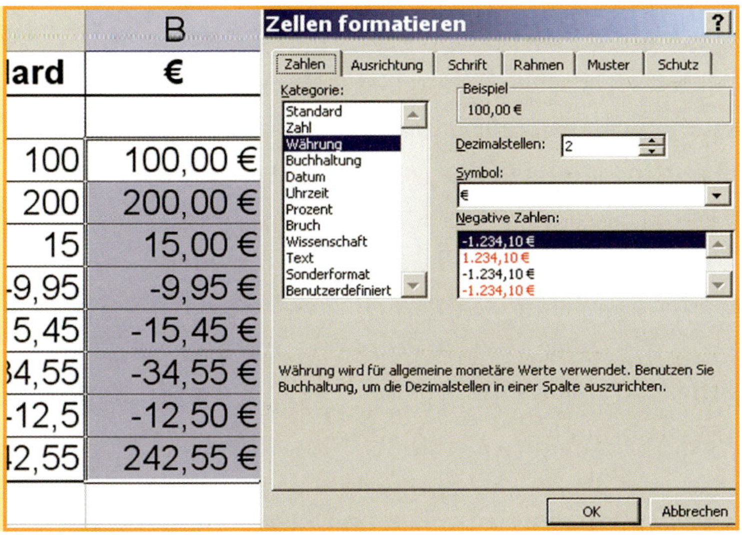

Das Dialogfeld „Zellen formatieren“

Hinweis: An die Dialogbox „Zellen formatieren“ gelangen Sie auch über das Hauptmenü: klicken Sie auf ***Format*** und ***Zellen***. Oder Sie drücken gleichzeitig Strg und die ! 1 auf der Tastatur.

❹ Wählen Sie jetzt den Karteireiter ***Zahlen*** (ganz links) aus.

❺ Unter diesem Karteireiter ***Zahlen*** sehen Sie den Eintrag ***Währung***. Klicken Sie drauf, aber belassen Sie es zunächst bei den dort gefundenen zwei Dezimalstellen und dem €-Symbol. Auch der Eintrag „Negative Zahlen" bleibt erst einmal so, wie er ist. Klicken Sie auf ***OK*** und betrachten Sie das Ergebnis: Jetzt sind überall in der Spalte B das Eurozeichen und Dezimalstellen aufgetaucht.
❻ Markieren Sie die Zahlen in der Spalte C. Gehen Sie erneut (unter ***Format_Zellen***) in die Dialogbox ***Zellen formatieren***. Klicken Sie nun im Feld ***Negative Zahlen*** auf den untersten Eintrag: Negative Zahlen in roter Schriftfarbe und mit Minuszeichen anzeigen. Klicken Sie auf ***OK*** und sehen Sie sich das Ergebnis an.
❼ Markieren Sie die Zahlen in der Spalte D. Gehen Sie erneut in die Dialogbox ***Zellen formatieren***. Klicken Sie diesmal das ***Dreieck*** am rechten Rand der Zeile an, in der das €-Symbol steht. Suchen Sie den ***US-$*** aus.
❽ Markieren der Zahlen in Spalte E, Dialogbox ***Zellen formatieren*** aufrufen, Kategorie ***Benutzerdefiniert***. Gehen Sie in das Feld unter der Überschrift ***Typ***. Sollte die Zeile einen Inhalt zeigen, löschen Sie ihn. Geben Sie vier Rauten (***####***) ein, dann eine Leerstelle und anschließend eine beliebige Bezeichnung (zum Beispiel: ***km/h***). Klicken Sie auf ***OK*** und betrachten Sie das Ergebnis.
❾ Markieren in Spalte F, Dialogbox ***Zellen formatieren***, Kategorie ***Sonderformat***, Auswahl: ***Postleitzahl Deutschland***. Die erscheint zwar in keiner Rechnung, schon gar nicht als negativer Wert, aber hier geht es ja nur um die Vorführung der Möglichkeiten.

Das Gesamtergebnis sollte nun (mit Ausnahme der Überschriften) so aussehen:

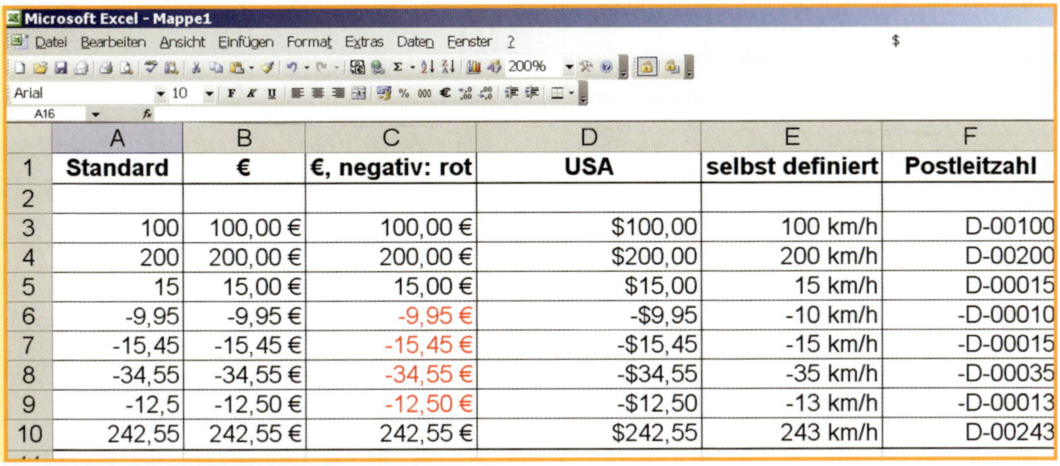

	A	B	C	D	E	F
1	Standard	€	€, negativ: rot	USA	selbst definiert	Postleitzahl
2						
3	100	100,00 €	100,00 €	$100,00	100 km/h	D-00100
4	200	200,00 €	200,00 €	$200,00	200 km/h	D-00200
5	15	15,00 €	15,00 €	$15,00	15 km/h	D-00015
6	-9,95	-9,95 €	-9,95 €	-$9,95	-10 km/h	-D-00010
7	-15,45	-15,45 €	-15,45 €	-$15,45	-15 km/h	-D-00015
8	-34,55	-34,55 €	-34,55 €	-$34,55	-35 km/h	-D-00035
9	-12,5	-12,50 €	-12,50 €	-$12,50	-13 km/h	-D-00013
10	242,55	242,55 €	242,55 €	$242,55	243 km/h	D-00243

Auf Mausklick sind ganz unterschiedliche Zellenformate erreichbar, auch selbst definierte.

Nun gehen wir in jene Zelle der Spalte A, die als erste wieder frei ist – im Bild ist es A11, bei Ihnen auf dem Bildschirm ist es (aus Mangel an Überschriften vermutlich) die Zelle A9. Geben Sie doch einfach mal die Zahl ***33,3*** ein und drücken Sie anschließend die Pfeiltaste nach rechts. Beim ersten Mal dürften Sie vielleicht noch gar nichts bemerken, aber bei den folgenden Schritten sollte es Ihnen durchaus auffallen: Auch die noch leeren Zellen sind schon dem System entsprechend vorformatiert. Diese Automatik können Sie sich bereits beim Anlegen einer neuen Tabelle zu Nutze machen, damit später, bei der Eingabe von Zahlen, gleich das erwünschte Format benutzt wird.

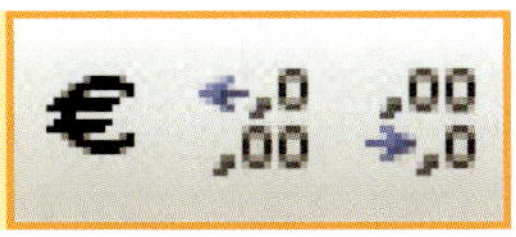

Schaltflächen für schnelle Formatierung in Euro und Dezimalstellen

Übung: Der schnelle Weg zum Euro

Der lange Weg durch die Menüs eröffnet Formatierungen für alle Erfordernisse. Meist aber geht es um Standardaufgaben: Ausgabe in Euro mit zwei Dezimalstellen. Und die sind bereits mit Schaltflächen in der Formatsymbolleiste berücksichtigt, sie bieten den kurzen Formatierungsweg an.

In der einen steht ein Eurozeichen, rechts daneben befinden sich zwei andere, gefüllt mit seltsamen Symbolen, die Nullen enthalten. Das probieren wir jetzt aus:

❶ Sie aktivieren irgendeine Zelle außerhalb unserer obigen Darstellung und klicken auf das ***€-Symbol***, danach geben Sie eine beliebige Zahl ein. Sie erscheint ordentlich als Betrag formatiert, sogar mit zwei Nachkommastellen.

❷ Nun experimentieren Sie mit den Schaltflächen daneben – die eine fügt eine Nachkommastelle hinzu, die andere nimmt sie wieder weg.

❸ Das geht aber auch in umgekehrter Reihenfolge: Sie klicken eine Zelle an, in der bereits eine Zahl steht. Dann klicken Sie auf das ***€-Symbol***, und Excel rechnet sofort in Euro, automatisch mit zwei Nachkommastellen.

Wir sehen: Das Programm nimmt zu Recht mit einiger Sicherheit an, dass wir häufig mit europäischen Euro umgehen und doch etwas seltener mit anderen Währungen. Schließlich ist diese Excel-Version insgesamt für den deutschsprachigen Raum ausgelegt. Also wurde das Euro-Format schon in der Symbolleiste für den schnellen Zugriff berücksichtigt.
Die vorangegangene Formatierungsübung bis in die Tiefen der Optionen war dennoch nützlich, um schon einmal einen Einblick in die (noch weit größere Zahl von) Möglichkeiten zu geben, die unter dem Stichwort Formatierung zu finden sind.

Das Pinselsymbol zum Übertragen von Formaten

Übung: Format übertragen

In der Symbolleiste sehen Sie rechts neben dem Klemmbrett einen Pinsel. Er dient zum Übertragen von Formaten von einer auf die andere Zelle. Er ist dann besonders hilfreich, wenn Sie eine fertige Tabelle doch noch einmal ändern wollen.

❶ Speichern Sie die bisherige Arbeit, ohne das Tabellenblatt zu verlassen.
❷ Aktivieren Sie eine beliebige Zelle. Klicken Sie auf das ***Pinselsymbol***.
❸ Die Zelle wird von Excel mit einem „flimmernden" Rahmen eingefasst. Klicken Sie auf eine andere Zelle – eine, die bislang noch anders formatiert ist.
❹ Das Format wurde übertragen, ohne dass sich der Wert in der Zelle veränderte.
❺ Wiederholen Sie den Vorgang, diesmal klicken Sie jedoch zwei Mal (mit schnellem Doppelklick) auf das ***Pinselsymbol***.
❻ Nun können Sie den Modus so lange nutzen wie Sie wollen. Wenn Sie fertig sind, drücken Sie die [Esc] -Taste.

Übung: Zellen vorab auf Text vorbereiten

Bisher haben wir gefüllte Zellen umformatiert. Aber die Zuweisung eines Formats funktioniert auch vorab:
❶ Öffnen Sie ein neues, leeres Tabellenblatt.
❷ Markieren Sie das Feld der Zellen von A1 bis B8.
❸ Rufen Sie unter ***Format_Zellen*** die Dialogbox ***Zellen formatieren*** auf.
❹ Auf den Kategorie-Eintrag ***Text*** klicken.
❺ Bestätigen mit ***OK***, Markierung aufheben.

Excel behandelt nun alles als Text, auch wenn die Eingabe wie eine Formel aussieht. Zahlen jedoch werden für Berechnungen ausgelesen, falls es in der Zelle keine Buchstaben gibt:
❻ In die zur Aufnahme von Text formatierte Zelle A1 tippen Sie die Zahl ***70***. In die Zelle C1 schreiben Sie die Formel: ***=A1/2***. Drücken Sie anschließend [↵], so erscheint in C1 die Zahl 35.
❼ Löschen Sie die Zahl und die Formel anschließend wieder.

Übung: Zellen vorab auf Dezimalzahlen einrichten

❶ Markieren Sie die Zellen C1 bis C8.

❷ Rufen Sie die Dialogbox ***Zellen formatieren*** auf. (Entweder mit Strg + 1 oder über das Menü ***Format_Zellen***).

❸ Auf ***Zahl*** klicken.

❹ Im Feld ***Dezimalstellen*** die Zahl **2** eingeben, eventuell ein Häkchen in das kleine Fenster der Option ***Tausendertrennpunkt*** setzen.

❺ Auf ***OK*** klicken.

❻ Markierung aufheben.

Übung: Spaltenbreite und Zeilenhöhe einstellen

Bevor Sie die Zellen mit Text ausfüllen, beachten Sie, dass einige Worte zu lang sein könnten. Sie werden dann abgekürzt angezeigt. Zahlen, die zu lang sind, werden gar nicht mehr wiedergegeben, sondern mit einer Reihe von Rauten (#######) symbolisch dargestellt.

Ist das der Fall, muss die Spaltenbreite vergrößert werden. Dazu gehen Sie mit dem Mauszeiger im Bereich der Spaltenköpfe an die Trennlinie zwischen den Spalten und ziehen mit der gedrückten linken Maustaste in die gewünschte Richtung.

Die Spaltenbreite einstellen

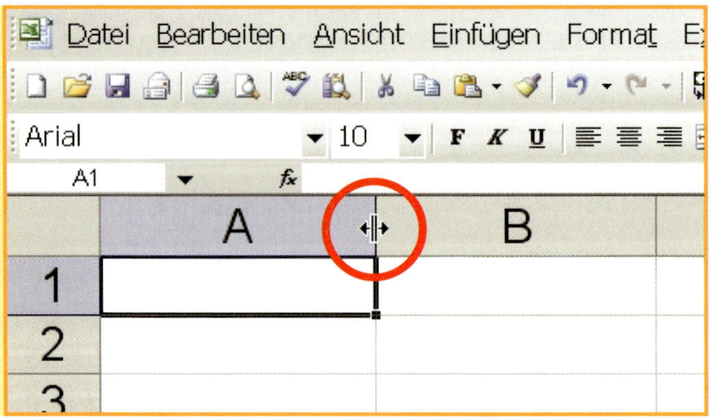

Die Spaltenbreite lässt sich aber auch gezielt auf einen bestimmten Wert bringen:

❶ Markieren Sie die Spalte – zum Beispiel D – durch einen Klick auf den ***Spaltenkopf***.

❷ Über ***Format_Spalte_Breite*** in die Dialogbox ***Spaltenbreite*** klicken und eine gewünschte Zahl eintragen. Sie steht nun für die neue Breite in „Punkt“.
„Punkt“ ist ein grafisches Größenmaß, es entspricht 0,375 Millimetern, etwa 27 Punkt entsprechen einem Zentimeter.
❸ Man kann diese Aufgabe aber auch Excel überlassen: Mit dem Klick auf ***Optimale Breite*** sucht sich das Programm den längsten Eintrag der Spalte und stellt sie so ein, dass es passt. Dabei kommt es allerdings zu unterschiedlichen Spaltenbreiten. Und das will man ja auch nicht immer.
Was für die Spalte gilt, kann man auch auf die **Zeile** anwenden, hier geht es um die Höhe. Auch sie ist per Hand sowie automatisch auf die korrekten Maße zu bringen. Der Weg entspricht dem, der für die Spalte zu wählen ist.

Übung: Zellen ausfüllen und Blatt speichern

❶ In die Zelle A1 das Wort ***Supermarkt*** eingeben und Spaltenbreite gegebenenfalls anpassen.

	A	B	C
1	Supermarkt	Zwieback	20
2			
3			

Die Zellen ausfüllen

❷ Mit ⇥ zur nächsten Zelle rechts, zu B1.
❸ Das Wort ***Zwieback*** eingeben.
❹ Mit ⇥ zur nächsten Zelle, C1, die Zahl ***20*** eingeben.
❺ Auf ↵ drücken, der Eintrag wird in der Zelle automatisch zu 20,00 umformatiert.
❻ Gehen Sie zu Zelle B2.
❼ Geben Sie das Wort ***Haferflocken*** ein, drücken Sie ⇥.
❽ In der Zelle C2 geben Sie ***5,95*** ein.
❾ Den Rest der Einkäufe nach diesem Schema eingeben.
❿ In Zelle B8 das Wort ***Insgesamt*** eingeben und die Zahlen in C8 addieren – dabei die ***Auto-Summe*** verwenden.

Symbol „Neuen Ordner erstellen“

⓫ Klicken Sie auf ***Datei_Speichern unter...***. Klicken Sie in der Symbolleiste auf ***Neuen Ordner erstellen***. Geben Sie den Namen **RECHNUNGEN** ein. Klicken Sie auf diesen Ordner, damit er sich öffnet, speichern Sie das Dokument unter dem Namen **MORGENEINKAUF.XLS** darin.

Text zentrieren und fetten

Symbole „Fett“, „Kursiv“ und „Unterstrichen“

Texteingaben werden von Excel automatisch linksbündig platziert. Bisweilen möchte man das aber gar nicht. Überschriften etwa sollen mittig stehen, zudem in fetter Schrift. Und so kann man das beeinflussen: In der Formatsymbolleiste stehen rechts neben dem Schriftgrad (in Punkt) weitere Schaltflächen für ***Fett***, ***Kursiv*** und ***Unterstrichen***.

Symbole für linksbündigen, zentrierten und rechtsbündigen Textfluss

Weiter nach rechts gibt es die Schalter für ***linksbündigen***, ***mittigen*** und ***rechtsbündigen*** Textfluss. Noch eine weitere Fläche weiter rechts liegt das Symbol für den Zellmarker, aber den beachten wir jetzt nicht. Denn später werden wir die Zellen insgesamt einfärben. Dann betrachten wir auch die Wege, Schriften und Ausrichtungen zu verändern (→ Seite 89).

Um Fettschrift ein- und auszuschalten, um den Text zu zentrieren, müssen die Zellen aktiviert, also markiert werden. Bei nebeneinander stehenden Feldern ziehen Sie die Maus mit gedrückter linker Taste über die betreffenden Zellen. Stehen sie jedoch voneinander entfernt, ist die gedrückte [Strg]-Taste die Hilfe der Wahl. Jede weitere Zelle, die nun angeklickt wird, behält ihre Markierung für die anschließende Formatänderung bei.

Wichtig: Diese Arbeit ist immer möglich – gleichgültig, ob die Zellen schon mit Text gefüllt sind, oder nicht.

Datum formatieren

Das Standardformat des Datums ist tt.mm.jjjj – Beispiel: 01.05.2006. Wenn Sie das Datum stets so schreiben, müssen die Zellen nicht umformatiert werden. Falls eine andere Schreibweise gewünscht wird, etwa 1. Mai 2006, wählen Sie sie unter ***Format_Zellen*** aus der Kategorie ***Datum*** aus. An dieser Stelle seien auch noch zwei Formeln erwähnt, die sich mit dem Datum befassen: ***=HEUTE()*** und ***=JETZT()***. Die erstgenannte Formel gibt den Tag, die andere den Tag und die Uhrzeit in der Zelle aus. Das ist praktisch, wenn Sie wissen wollen, wie viel Tage von einem bestimmten Datum an bis heute verstrichen sind.

Übung: Abschreibung eines Autos bestimmen

Sie möchten wissen, was Sie pro Tag für Ihr Auto ausgegeben haben, nur für das Eigentum daran.

❶ In Zelle A1 tippen Sie den Kaufpreis ein, etwa ***20.000*** €.
❷ In Zelle A2 gehört der Restwert, vielleicht ***5000*** €.
❸ Zelle A3 berechnet die Differenz: ***=A1-A2***, das entspricht 15.000 €.
❹ In Zelle A4 tippen Sie die Formel ***=HEUTE()*** ein. Wir haben den 1. April 2006, also zeigt die Zelle nach dem Verlassen „01.04.2006“.
❺ In Zelle A5 gehört das Kaufdatum, es war der ***25.10.2001***.
❻ A6 nimmt die Formel ***=A4-A5*** auf.
❼ In A6 taucht ein Datum auf, das in keinem Bezug zur Berechnung zu stehen scheint: der 6. Juni 1904.
Aber da gab es das Automodell noch gar nicht? Sie formatieren die Zelle A6 um in ***Zahl***, ohne Dezimalstellen, die Zahl 1619 erscheint. So viele Tage sind seit dem Kauf verstrichen.

❽ Sie prüfen kurz die Plausibilität im Kopf: Seit dem Kauf sind mehr als viereinhalb Jahre vergangen, das Jahr zu 365 Tagen (das Schaltjahr 2004 lassen wir mal weg) – stimmt.
❾ In Zelle A7 teilen wir 15.000 € durch 1619 Tage ***=A3/A6***, macht 9 Euro am Tag. Zwei Klicks auf ***Dezimalstellen hinzufügen*** ergibt 9,26 € pro Tag, mal 7 sind das 64,85 € pro Woche, mal 30: 277,95 € pro Monat.

Übung: Schaltjahre kontrollieren

Doch wie können wir sicher sein, dass 2004 ein Schaltjahr war? Die Zahl 2004 lässt sich glatt durch vier teilen, das entspricht der Schaltjahrregel. Aber fragen wir Excel:

❶ Suchen Sie eine freie Spalte auf, aktivieren Sie eine Zelle.
❷ Tippen Sie ***25.02.2004*** ein.
❸ Tippen Sie ***26.02.2004*** in die Zelle darunter.
❹ Markieren Sie beide Zellen.
❺ Ziehen Sie den Rahmen am Ziehpunkt nach unten – mindestens vier Zellen, also bis in den März hinein.
❻ Prüfen Sie, ob es einen 29. Februar gibt. Sie sehen, Excel führt den Schalttag brav auf.
❼ Machen Sie all das spaßeshalber in der Spalte daneben mit dem Februar des Jahres 2005 und vergleichen Sie das Ergebnis.

Übung: Eine Rechnung vorbereiten

Bis hierher haben wir in jeder Berechnung immer nur die Gesamtsumme addiert. Wer jedoch aussagekräftigere Ergebnisse haben will, braucht präzisere Eingaben, die anschließend entsprechend umgerechnet werden sollen.

Wir differenzieren daher nun die Einkaufsposten nach Anzahl, Stück- und Gesamtkosten.

❶ Öffnen Sie ein leeres Tabellenblatt.
❷ Markieren Sie die Zellen A1 bis E1.
❸ Klicken Sie auf die Symbole für das ***Zentrieren*** und das ***Fetten***.
❹ Heben Sie die Markierung wieder auf.
❺ Schreiben Sie in die Zeile 1 von links nach rechts die Worte ***Datum***, ***Ware***, ***Anzahl***, ***Stückpreis***, ***Gesamtpreis*** – jedes Wort in eine eigene Zelle, versteht sich.
❻ Die Spalte A wird das Datum aufnehmen. Wenn Sie dafür ein gesondertes Format wünschen, dann markieren Sie die Spalte und führen die Änderung in der Dialogbox unter ***Format_Zellen*** aus.
❼ Die Spalte B wird nur Text enthalten, deshalb erübrigt sich hier eine Formatierung.
❽ Die Spalte C wird nur ganze Zahlen aufnehmen, deshalb ist auch hier keine Änderung des Formats vonnöten.
❾ In den Spalten D und E jedoch wird es Dezimalstellen geben. Beide Spalten werden also markiert, dann geht es (unter ***Format_Zellen_Zahlen***) in die betreffende Option.
❿ Geben Sie nun, da alle Zellen für ihre jeweilige Aufgabe vorbereitet sind, die Posten der Einkaufsrechnung ein. Spalte E lassen Sie dabei frei.

Übung: Formeln mit Ziehpunkt kopieren

❶ Zelle E2 aktivieren.
❷ Die Formel eingeben, die C2 mit D2 multipliziert.
Wichtig: Die Zelle noch nicht verlassen, also weder ↵ drücken, noch die Pfeiltasten.

❸ Den Ziehpunkt von E2 senkrecht bis zur letzten in Ihrer Rechnung gefüllten Zeile bewegen.
❹ Den Ziehpunkt loslassen, Excel fügt automatisch die richtigen Formeln in die Zellen ein.
❺ Zelle E8 aktivieren und auf das Symbol *Auto-Summe* klicken.
❻ Das Dokument unter *Datei_Speichern unter...* im Ordner **RECHNUNGEN** speichern, dafür einen prägnanten Namen vergeben.

Übung: Eine weitere Einkaufsliste

Sie haben die folgenden Waren eingekauft. Erarbeiten Sie nach obigem Muster eine weitere Tabelle, dann berechnen Sie, wie viel die Waren insgesamt gekostet haben:

2 Beutel Nudeln, Stückpreis 1,35 €
1 Melone, Stückpreis 1,20 €
3 Broccoli, Stückpreis 1,89 €
2 Steaks, Stückpreis 4,95 €
8 Flaschen Brause, Stück 0,55 €
6 Flaschen Bier, Stück 0,60 €

Das Ergebnis sollte so aussehen:

	A	B	C	D	E
1	**Datum**	**Ware**	**Anzahl**	**Stückpreis**	**Gesamtpreis**
2	01.04.2006	Nudeln	2	1,35 €	2,70 €
3		Melone	1	1,20 €	1,20 €
4		Broccoli	3	1,89 €	5,67 €
5		Steaks	2	4,95 €	9,90 €
6		Brause	8	0,55 €	4,40 €
7		Bier	6	0,60 €	3,60 €
8					**27,47 €**

Eine Rechnung mit Stück- und Gesamtpreisen

Die Datei Im Ordner **RECHNUNGEN** zum Beispiel unter **MITTAGSEINKAUF.XLS**.speichern, aber noch auf dem Bildschirm behalten, denn die Arbeit daran geht gleich weiter.

Übung: Eine zusätzliche Zeile einfügen

In dem Moment, da Sie mit der Rechnung fertig sind, stellen Sie fest, dass Sie vergessen haben, zwei Kilo-Pakete Zucker zu 60 Cents das Kilo einzutragen. Sie sollen in die Zeile vor den acht Flaschen Brause eingefügt werden.

❶ Die Zellen mit dem Eintrag Brause markieren – und zwar alle in dieser Zeile belegten Zellen (sonst wird nur ein Teil der Aufstellung ergänzt). Alternativ: Markieren Sie die Zeile am Zeilenkopf (durch Klick auf die ***Zahl*** der Zeile).
❷ Klicken Sie auf ***Einfügen_Zeile***.
❸ Die neue Zeile erscheint über der ursprünglich markierten. Zudem ist nach dem Einfügen ein kleines Fensterchen mit dem schon erwähnten Pinsel zu sehen – hiermit lassen sich die Formateigenschaften entweder aus der oberen oder aus der unteren Zeile einkopieren (falls es da Unterschiede gibt):
❹ Die Zellen der neuen Zeile mit Daten füllen.
❺ Sehen Sie, wie sich die Preisberechnung verändert hat?

Auch die Zeilennummern haben sich angepasst, die Reihenfolge stimmt weiterhin.

Welches Format soll die neue Zeile tragen?

Übung: *Eine zusätzliche Spalte einfügen*

Das Einfügen einer zusätzlichen Spalte geht im Prinzip genauso wie das einer Zeile: Sie stellen fest, dass noch eine Spalte – etwa für die Stückzahl – fehlt. Sie soll zwischen den Spalten B und C liegen.

❶ Markieren Sie die Spalte C, also jene, die rechts neben der einzufügenden liegt, durch einen Klick auf den ***Spaltenkopf***.

❷ Dann klicken Sie auf ***Einfügen_Spalte***.

❸ Die neue Spalte erscheint links von der ursprünglich markierten.

❹ Betrachten Sie, wie sich die Buchstaben der Spalten angepasst haben, so dass die Reihenfolge weiterhin stimmt.

Zeilen und Spalten löschen

Ebenso einfach wie das Hinzufügen von Spalten oder Zeilen ist das Entfernen, auch hier reichen ein paar Mausklicks.

Vorsicht: Wenn Sie die falschen Elemente löschen, bringen Sie die Bezüge zwischen den übrig gebliebenen Zellen durcheinander.

Zeilen löschen:

❶ Klicken Sie auf den ***Zeilenkopf***, markieren Sie damit die komplette Zeile.

❷ Klicken Sie auf die rechte Maustaste, es öffnet sich ein Menü. Wählen Sie die Option ***Zellen löschen***.

❸ Sie sehen: Die Zeile ist verschwunden, die Einträge darunter sind eine Zeile hochgeschoben worden.

Spalten löschen:

❶ Klicken Sie auf den ***Spaltenkopf***, markieren Sie damit die komplette Spalte.

❷ Klicken Sie auf die rechte Maustaste, es öffnet sich ein Menü. Wählen Sie die Option ***Spalten löschen***.
❸ Sie sehen: Die Spalte ist verschwunden, die Einträge rechts davon sind eine Spalte nach links geschoben worden.

Im Notfall ein Salto rückwärts

Schnell ist's passiert: Ein falscher Klick, schon ist vieles zerstört, gelöscht oder durcheinander gewirbelt. Alle Alarmglocken schrillen, Panik bricht aus. Was tun?

Zunächst gar nichts am Gerät. Ist nach dem ersten Schreck erst wieder etwas Ruhe eingekehrt, muss man gut nachdenken. Hatten Sie die Tabelle gerade erst geöffnet, ist es das Einfachste, Sie **schließen** sie, aber **ohne zu speichern**. Dann können Sie sie erneut in der ursprünglichen Version öffnen.

Symbol „Rückgängig“

Haben Sie jedoch schon eine Weile damit gearbeitet, ohne Zwischenschritte zu speichern (was Sie häufiger tun sollten), hilft die Funktion ***Rückgängig*** in der Symbolleiste: das blaue Häkchen nach links. Geht man mit dem Mauszeiger auf das kleine Dreieck daneben, öffnet sich ein Fenster mit einer ganzen Reihe von Änderungen. Mit einem Klick auf die gewünschte Zeile im Fenster kann eine größere Zahl von Arbeitsschritten auf ein Mal rückgängig gemacht werden.

Vorsicht: Jedes Speichern der Tabelle bewirkt, dass Excel diese Funktion wieder auf Null stellt. Seien Sie also sicher, dass das, was Sie speichern, in Ordnung ist. Lesen Sie dazu „Alles in Sicherheit“ auf Seite 136 und „Zellen und Tabellen in Excel sichern“ ab Seite 93.

Nun treiben wir's bunt!

Fast ebenso wichtig wie die Zahlen selbst ist die Frage, wie sie präsentiert werden, um wichtige Ergebnisse auf den ersten Blick in ihrer Bedeutung erkennbar zu machen. Die Gestaltung der Tabelle ist daher kein pures Make-up, sondern Teil der Funktion Ihres Tabellenblatts.

Das beginnt schon bei der Auswahl der richtigen **Rahmenlinien**. Mit den in Excel möglichen Differenzierungen der Linienstärken lassen sich Gruppen zusammengehöriger Posten grafisch verbinden, außerdem können Texte auf unterschiedliche Weise dargestellt und **Zellbereiche farblich** gestaltet werden, was die Tabelle noch ein bisschen verständlicher macht.

In das Thema Gestaltung gehören auch die **Hyperlinks**. Sie verknüpfen Zellinhalte mit Informationen außerhalb des Kalkulationsprogramms, mit Bildern und Texten vor allem. Und das ist eine Funktion, die so vielseitig nutzbar ist, dass Sie sie sicher häufiger nutzen werden.

Sobald alles stimmt, muss an die Sicherheit gedacht werden. Mit dem **Zellschutz** bestimmen Sie, welche Bereiche aktiviert werden dürfen und welche nicht. Das verhindert versehentliche Änderungen am Aufbau der Tabellen.

Übung: Rahmen gestalten

Excel bietet eine Fülle von Gestaltungsmöglichkeiten, die eine Tabelle gleichermaßen in der Bildschirmansicht und in der Ausgabe per Drucker viel eleganter machen. Beginnen wir mit dem Anlegen von Rahmenlinien.

❶ Rufen Sie die Tabelle aus der Prozentrechnungs-Übung auf, **PROZENTE.XLS**.

❷ Markieren Sie alle gefüllten Zellen.

❸ Wählen Sie ***Format_Zellen***.

❹ Auf dem Bildschirm erscheint die Dialogbox „Zellen formatieren“, klicken Sie auf ***Rahmen***.

❺ Klicken Sie mal auf die Schaltfelder im Bereich Rahmen. Sie sehen, wie Sie die Linien beeinflussen können.

Damit die Ausgaben nicht aus dem Rahmen fallen. Hier die Auswahlbox mit allen Möglichkeiten…

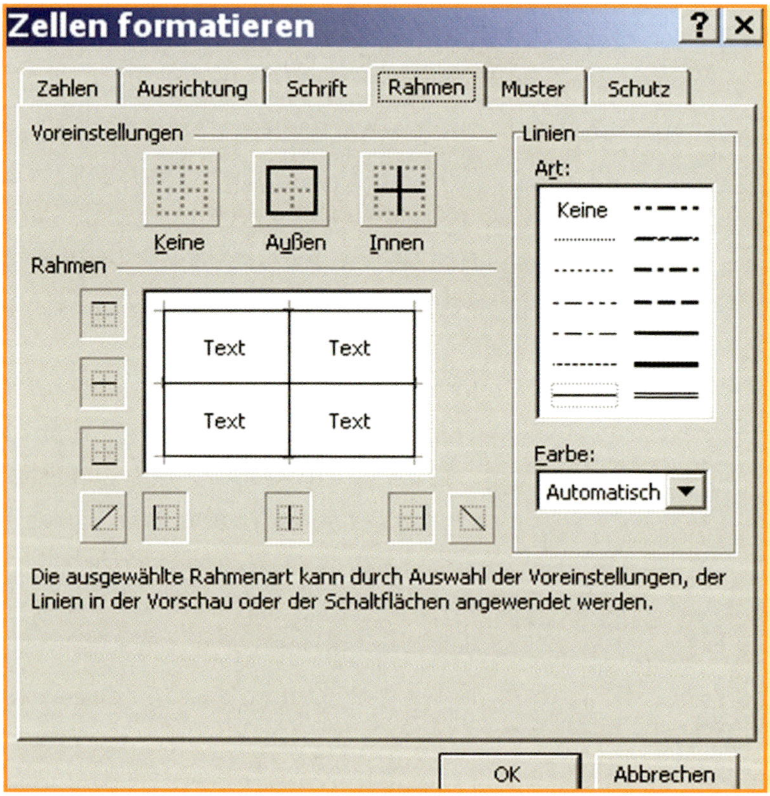

❻ Klicken Sie nun bei **Voreinstellungen** auf ***Außen*** und ***Innen***.
❼ Im rechten Boxbereich können Sie die Art und die Stärke der Linien bestimmen.
❽ Merken Sie sich die gerade aktivierte Gestalt und probieren Sie andere Formen aus. Sie müssen aber nach jeder Änderung angeben, wo sie ausgeführt werden soll. Klicken Sie daher immer wieder auch auf ***Außen*** und ***Innen***.
❾ So können Sie etwa innen nur einfache Linien anbringen, um die Tabelle herum jedoch eine Doppellinie ziehen.
❿ Haben Sie eine gute Variante gefunden, die Ihnen gefällt, klicken Sie auf ***OK***.
⓫ Wenn Sie nun die Zellmarkierung aufheben, sehen Sie das Ergebnis.
⓬ Speichern Sie es mit Strg + S oder mit einem Klick auf das Symbol ***Speichern***.

Natürlich bietet Excel neben diesem langen, differenzierten Weg einen kurzen an, der in den meisten Fällen auch ausreicht:
❶ Markieren Sie alle gefüllten Zellen.
❷ Suchen Sie das Formatsymbol ***Rahmen***.
❸ Klicken Sie drauf – fertig.
❹ Sie sehen, Excel hat die voreingestellte Rahmen- und Linienform gewählt.

...und hier der Schnellzugriff per Formatsymbolleiste.

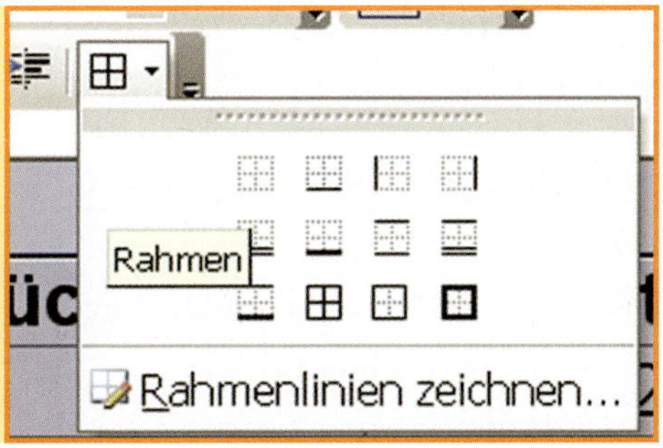

Sollten Sie damit nicht zufrieden sein, bieten sich mit dem Klick auf das kleine Dreieck noch Möglichkeiten, auf die Rahmenlinien Einfluss zu nehmen. Es öffnet sich diese kleine Auswahlbox. Reicht Ihnen das noch nicht aus, müssen Sie leider wieder den langen Weg über ***Format_Zellen*** wählen.

Übung: Weitere Gestaltungsmöglichkeiten

❶ Die Zellen mit den Überschriften markieren.

❷ Wählen Sie ***Format_Zellen***.

❸ Auf dem Bildschirm erscheint die Dialogbox „Zellen formatieren“, klicken Sie erneut auf ***Rahmen***.

❹ Jetzt suchen Sie sich aus dem Feld rechts (mit „Art“ gekennzeichnet) einen stärkeren Strich.

❺ Der soll nun aber nicht alles einrahmen, sondern nur die untere Linie verstärken. Also klicken Sie nur auf das Feld mit der symbolisierten ***Rahmenlinie unten***.

❻ Klicken Sie auf ***OK***, entfernen Sie die Markierung, betrachten Sie das Ergebnis.

Übung: Zellen mit Farbe füllen

❶ Die Zellen mit den Überschriften markieren.

❷ Wählen Sie ***Format_Zellen***.

❸ Auf dem Bildschirm erscheint die Dialogbox „Zellen formatieren“, klicken Sie jetzt auf ***Muster***.

❹ Suchen Sie sich eine Farbe aus, vielleicht ein zartes Blau. Beachten Sie: Je intensiver die Hintergrundfarbe ist, desto schwerer wird es, einen schwarzen Text darauf zu lesen.

❺ In der Zeile „Muster“ der Dialogbox befindet sich noch ein weißes Feld. Klicken Sie auf das kleine Dreieck daneben, es erscheinen Vorschläge mit einer Vielzahl möglicher Rasterungen. Aber auch hier gilt: Weniger ist oftmals mehr, vor allem dann, wenn Sie nur einen Schwarzweißdrucker haben. Da die Farben als Grauwerte wiedergegeben werden, reicht eine helle Schattierung völlig aus.

❻ Probieren Sie die Möglichkeiten – es lässt sich alles wieder zurückstellen.

❼ Mit dem Ergebnis zufrieden? Speichern!

Übung: Schrift formatieren

❶ Wählen Sie ***Format_Zellen***.

❷ Auf dem Bildschirm erscheint die Dialogbox „Zellen formatieren“, klicken Sie jetzt auf ***Schrift***.

❸ Hier steht Ihnen die ganze Palette der unterschiedlichen Schriften zur Verfügung, die auf Ihrem Rechner installiert sind. Auch hoch- und tiefgestellte Zeichen lassen sich hier einstellen – etwa für Potenz- oder Indexzahlen. Zudem kann eine andere Textfarbe eingestellt werden.

Links nebenan befindet sich der Karteireiter „Ausrichtung“, wenn Sie darauf klicken, erscheint eine Dialogbox, mit deren Hilfe Sie die Darstellung der Zellinhalte noch weiter verändern können. Wer mag, darf auch in diesen Optionen nach Herzenslust herumspielen.

Das Wort „Test“ wurde um 37 Grad aus der Horizontalen gedreht.

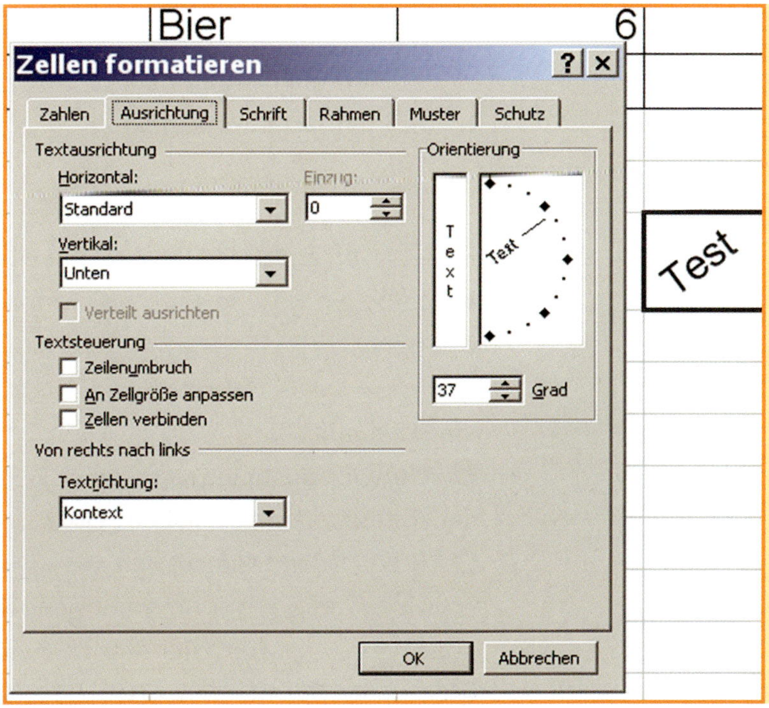

Mit Formatvorlagen arbeiten

Ist jetzt alles verstellt? Dann schließen Sie ohne zu speichern und rufen **PROZENTE.XLS** erneut auf. Speichern Sie die Datei sofort unter einem anderen Namen. Damit stellen Sie sicher, dass die bisherige Arbeit in jedem Fall erhalten bleibt:

❶ Gehen Sie auf *Datei_Speichern unter...*, geben Sie einen anderen Dateinamen ein. Es sollte einer sein, der inhaltlich mit der bisherigen Tabelle gedanklich leicht in Verbindung gebracht werden kann.

❷ Meist reicht es aus, hinter dem Namen und vor dem Punkt der Dateiformatendung (.xls) ein Leerzeichen und eine Zahl einzufügen. Aus **PROZENTE.XLS** machen Sie damit also **PROZENTE 1.XLS.**

❸ Klicken Sie auf *Speichern*.

Sie haben sich mit der Optik der Überschriften bereits viel Mühe gemacht. Da wäre es doch unsinnige Arbeit, wenn Sie all das bei jeder neuen Tabelle wiederholen müssten. Und das ist auch gar nicht notwendig.

Übung: Eine Formatvorlage erstellen

❶ Markieren Sie eine der schick formatierten Zellen der Überschrift.

❷ Klicken Sie auf *Format_Formatvorlage*. Es öffnet sich eine Dialogbox.

❸ Schreiben Sie in die erste Zeile der Box (Eintrag: „Name der Formatvorlage“) das Wort ***Überschrift*** hinein.

❹ Klicken Sie auf *Hinzufügen*. Wenn Sie nun das kleine Dreieck anklicken, das das Auswahlmenü öffnet, finden Sie die neue Formatvorlage „Überschrift“ zwischen den bisherigen.

❺ Schließen Sie die Dialogbox mit einem Klick auf *OK*.

Hier lassen sich auch eigene Formatvorlagen speichern. Sie gelten aber nur für diese Arbeitsmappe.

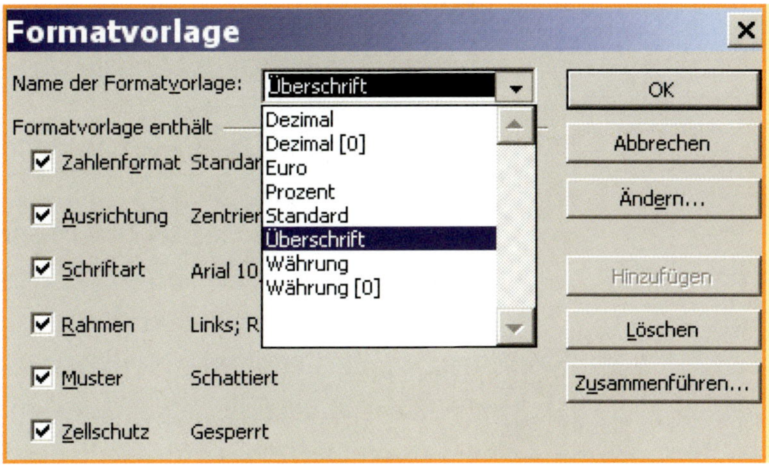

❻ Markieren Sie zwei leere Zellen neben den bereits vorhandenen Überschriften (in diesem Fall: F1 und G1).
❼ Klicken Sie auf ***Format_Formatvorlage***. Es öffnet sich die eben benutzte Dialogbox. Wieder ist die Zeile neben dem Text Name der Formatvorlage leer. Klicken Sie auf das ***Dreieck***, klicken Sie ***Überschrift*** an.
❽ Schließen Sie die Dialogbox mit einem Klick auf ***OK***.
❾ Sie sehen: Die beiden Zellen haben haargenau das von Ihnen zusammengestellte Format angenommen.
❿ Fertigen Sie sich weitere Formatvorlagen nach Wunsch.

Übung: Vorlagen richtig speichern

Die von Ihnen neu angelegte Formatvorlage existiert bis jetzt nur in diesem einen Dokument **PROZENTE 1.XLS**. Wenn Sie eine neue Mappe anlegen, sind diese kleinen Extras leider nicht automatisch von Anfang an vorhanden. Aber niemand hindert Sie daran, einen kleinen Trick anzuwenden, um diese und andere Handarbeiten auch für neue Tabellen einsetzbar zu machen:

❶ Leeren sie alle Beschriftungen, alle Formeln und Formatierungen in den Zellen, bis Sie ein leeres Tabellenblatt sehen. Das können Sie mit zwei schnellen Handgriffen erledigen: Markieren Sie alle Zellen des Tabellenblatts mit Strg + A, dann drücken Sie Entf.

❷ Legen Sie im Ordner **RECHNUNGEN** einen Unterordner **VORLAGEN** an. Speichern Sie diese Arbeitsmappe darin erneut unter einem anderen Namen, diesmal jedoch unter einem prägnanten Titel wie **EXCELNORM.XLS**.

Sie haben sich damit für den späteren Aufbau einer Tabelle ein absolut leeres Blatt abgelegt, das Sie nach Ihren dann jeweils aktuellen Wünschen füllen können. Dennoch kommen

Wenn Sie Ihre Formatvorlagen in einer leeren Arbeitsmappe als Normdatei speichern und mit Schreibschutz versehen, kann nichts mehr zerstört werden.

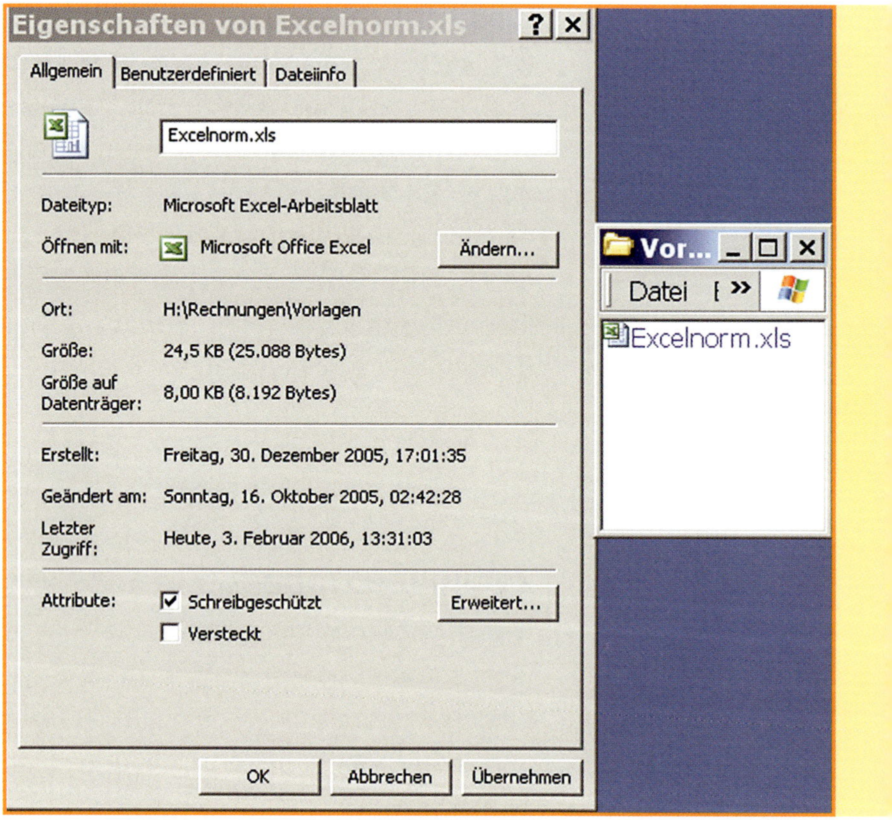

Sie über *Format* und *Formatvorlage* an all Ihre selbstgefertigten Vorlagen heran, um sie gegebenenfalls zu ändern.

Vorlagen in Windows sichern

Wollen Sie die Datei immer wieder als Formular nutzen, können Sie diese leere Vorlage zusätzlich auf der Ebene von Windows gegen unabsichtliches Überschreiben sperren. Dann können Sie diese Datei zwar jederzeit öffnen, dürfen sie aber nicht wieder unter diesem Namen speichern. Windows zwingt Sie, einen neuen Namen zu wählen. Möchten Sie die Vorlage irgendwann doch ändern oder löschen, müssen Sie den Schreibschutz zuvor wieder aufheben.

❶ Gehen Sie über *Datei_Öffnen* zu **EXCELNORM.XLS** (im Unterordner **VORLAGEN** des Hauptordners **RECHNUNGEN**).

❷ Klicken Sie mit der rechten Maustaste auf den Eintrag **EXCELNORM.XLS**. Es öffnet sich ein Auswahlmenü.

❸ Klicken Sie (ganz unten) auf *Eigenschaften*. Eine neue Box dieses Namens öffnet sich.

❹ Unten sind die „Attribute" zu sehen. Klicken Sie das Häkchen in das Feld *Schreibgeschützt*.

❺ Klicken Sie auf *OK*.

Zellen und Tabellen in Excel sichern

Holen Sie die ursprüngliche Tabelle **PROZENTE 1.XLS** auf den Bildschirm. Bevor wir in das Thema „Sicherung von Zellen" einsteigen, sollten Sie die Tabelle aber etwas überarbeiten. Sie haben in der Zwischenzeit ja gelernt, wie man Euro-Beträge ordentlich ausweist, mit dem € und zwei Dezimalstellen.

Zentrieren Sie die Spaltenbezeichnungen, fetten Sie sie und die Summen. Das Ergebnis sollte jetzt so aussehen:

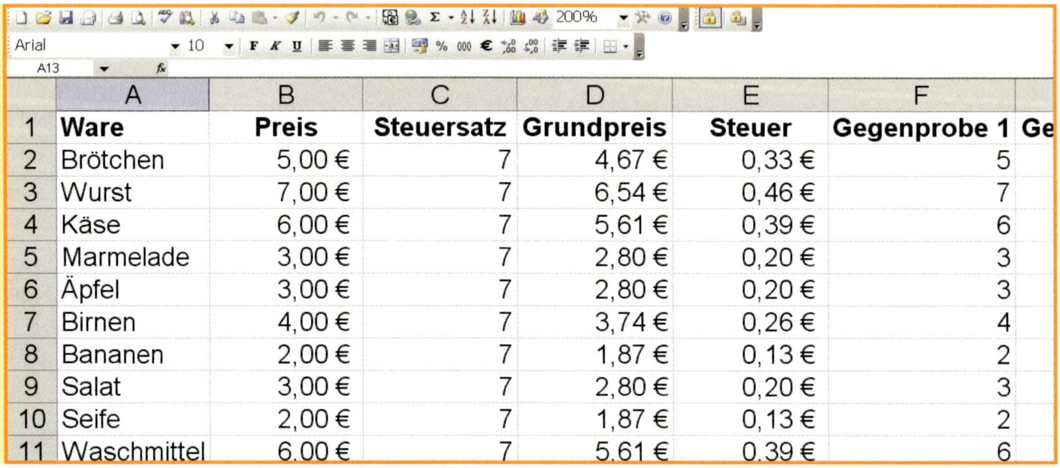

	A	B	C	D	E	F	
1	**Ware**	**Preis**	**Steuersatz**	**Grundpreis**	**Steuer**	**Gegenprobe 1**	**Ge**
2	Brötchen	5,00 €	7	4,67 €	0,33 €	5	
3	Wurst	7,00 €	7	6,54 €	0,46 €	7	
4	Käse	6,00 €	7	5,61 €	0,39 €	6	
5	Marmelade	3,00 €	7	2,80 €	0,20 €	3	
6	Äpfel	3,00 €	7	2,80 €	0,20 €	3	
7	Birnen	4,00 €	7	3,74 €	0,26 €	4	
8	Bananen	2,00 €	7	1,87 €	0,13 €	2	
9	Salat	3,00 €	7	2,80 €	0,20 €	3	
10	Seife	2,00 €	7	1,87 €	0,13 €	2	
11	Waschmittel	6,00 €	7	5,61 €	0,39 €	6	

Die Formeln Ihrer Einkaufsrechnung können Sie gegen unbefugten Zugriff sichern.

Nun sollten wir alles wieder im Ordner **RECHNUNGEN** speichern, jetzt unter dem neuen Namen **PROZENTE 2.XLS** . Im späteren Verlauf nummerieren wir ihn immer weiter durch, so erkennen wir, dass die Datei weitere Bearbeitungsstufen erreicht hat.
Jetzt haben Sie wirklich viel Mühe in so manche Formel und so manches Format gesteckt, das möchten Sie nicht durch einen versehentlichen Klick und ein unbeabsichtigtes ↵ zerstören. Am besten wär's, man könnte gefährdete Zellen vor einer Aktivierung schützen, denn Eingaben gehören nur in die dafür bereitgestellten Zellen. Und genau das gibt es. Der Benutzer kann dann auf den gesperrten Flächen herumklicken, soviel er will, kein Zellcursor spricht an.

Um diesen Schutz zu aktivieren, muss er auf zwei Ebenen definiert werden. Die erste gilt jeder Zelle einzeln. Man klicke nur mal mit der rechten Maustaste auf eine und rufe die

Dialogbox „Zellen formatieren“ auf. Der Karteireiter ganz rechts lautet ***Schutz*** – das Feld ***Gesperrt*** weist dort schon ein Häkchen auf.

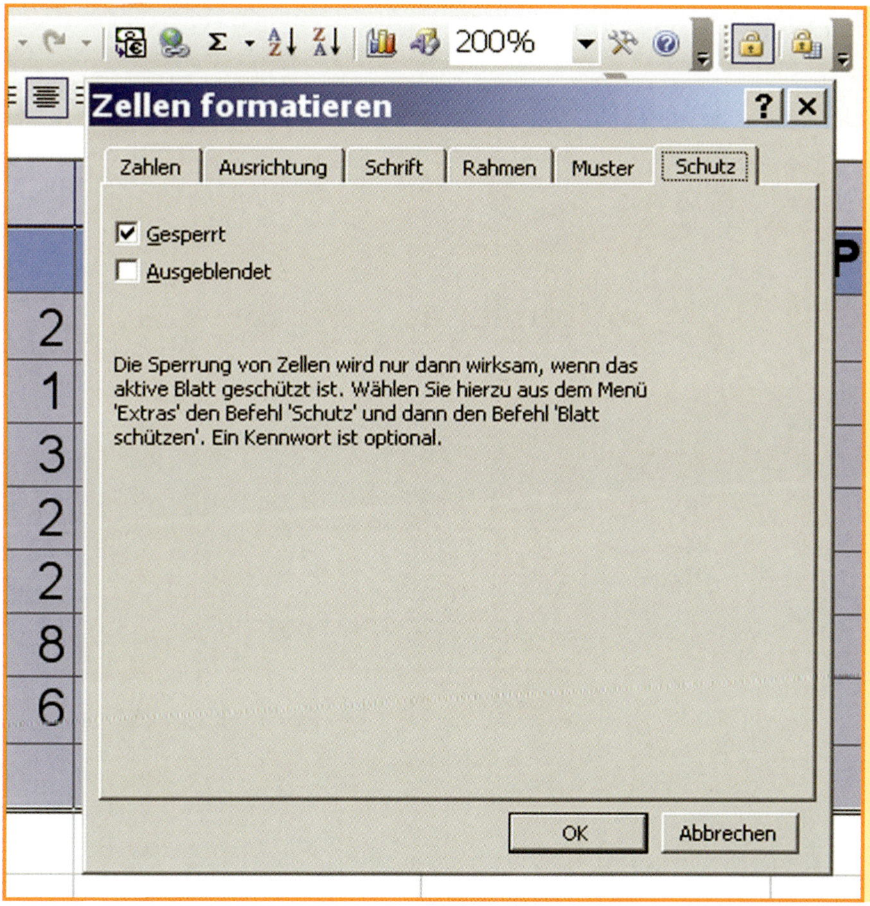

Von Hause aus sind alle Zellen als „gesperrt“ markiert. Wird der Blattschutz aktiviert, kann keine Zelle mehr angeklickt werden.

In Betrieb gesetzt wird die Sperre aber erst durch den **Blattschutz**, das ist der „Hauptschalter“ für das gesamte Tabellenblatt, auf Wunsch auch für die komplette Arbeitsmappe.
Da Sie diese Schutzfunktion bald nicht mehr missen wollen, holen Sie sich die zuständige Symbolleiste für den schnellen Zugriff nach oben, zu den anderen Bedienungsleisten.

Ein Klick mit der rechten Maustaste in den grauen Bereich neben den schon vorhandenen Leisten öffnet ein Menü, an zwölfter Stelle von oben steht ***Schutz***, da muss per Linksklick ein Häkchen dran. Die neue Leiste erscheint. Wichtig werden vor allem ihre Schaltflächen ***Zellen sperren*** und ***Blatt schützen***.

So aktiviert man die Symbolleiste „Schutz".

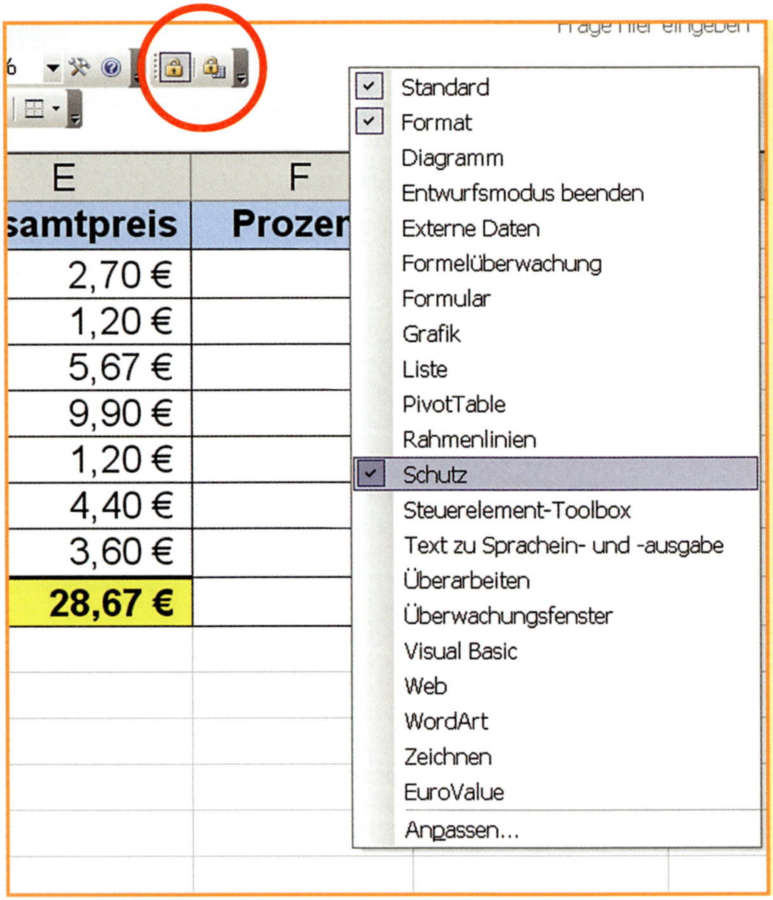

Die neuen Schaltflächen erscheinen nun bei jedem Starten von Excel in der Symbolleiste.

Wie immer im Leben gibt es einen langen und einen kurzen Weg zum Ziel. Da wir uns aber die praktischen Schaltflächen schon besorgt haben (linkes, kleineres Bild), nehmen wir erst **die Abkürzung**.

❶ Markieren Sie alle Zellen, die später **zugänglich** bleiben sollen. Liegen sie nicht nebeneinander, klicken Sie mit gedrückter Strg-Taste nacheinander darauf.
❷ Klicken Sie auf das linke Schlosssymbol ***Zellen sperren***. Nicht verwirren lassen: Es dient auch zum Entsperren.
❸ Klicken Sie auf das rechte Symbol ***Blatt schützen***.
❹ Es erscheint die Dialogbox „Blatt schützen". Aus der ganzen Reihe von Optionen interessiert jetzt nur die zweite von oben: ***Nicht gesperrte Zellen auswählen***. Nur in dem daneben stehenden Kästchen sollte ein Haken sein.
An dieser Stelle können Sie übrigens auch ein Passwort einfügen, damit nur Sie den Zugang zu diesem Hauptschalter besitzen. Klicken Sie zum Abschluss auf ***OK*** und prüfen Sie das Ergebnis.
❺ Möchten Sie etwas verändern, klicken Sie auf den „Hauptschalter" (***rechtes Schloss***), markieren die zu ändernden Zellen, klicken auf den „Detailschalter" (***linkes Schloss***) und dann wieder auf den „Hauptschalter" (***rechtes Schloss***).

Der lange Weg:
❶ Gewünschte Zellen markieren.
❷ Rufen Sie über ***Format_Zellen*** die uns nun schon bekannte Dialogbox „Zellen formatieren" auf, wählen Sie den Karteireiter ***Schutz*** und entfernen Sie das Häkchen bei ***Gesperrt***.
❸ Verlassen Sie die Box mit einem Klick auf ***OK***.
❹ Klicken Sie auf das rechte Schlosssymbol ***Blatt schützen***. Auch hier erscheint die Dialogbox „Blatt schützen" – der oben geschilderte Vorgang ist vom Punkt 4 an zu wiederholen.

Nun lassen sich nur noch die freigegebenen Zellen aktivieren. Es sind die in den Spalten für die Ware, den Preis und den Steuersatz in Prozente.

Die anderen Zellen enthalten ja Formeln, und die sollten nicht in den Zugriff eines Nutzers geraten (im Bild gelb gefärbt):

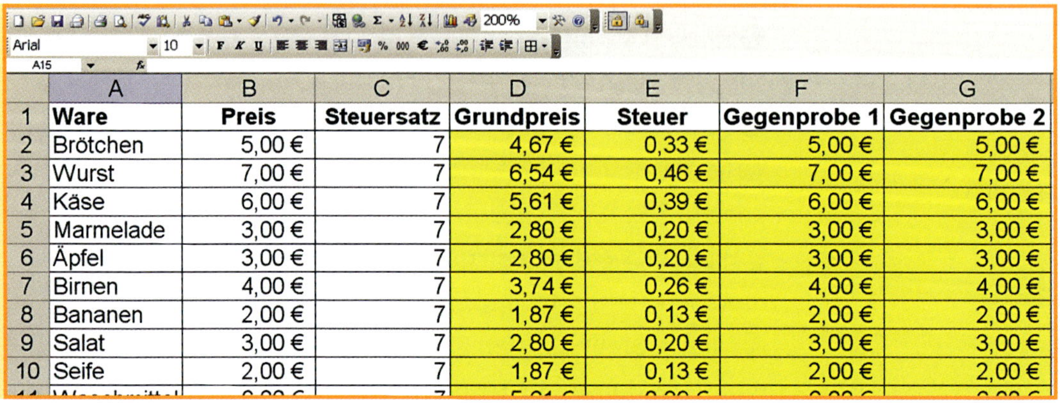

	A	B	C	D	E	F	G
1	Ware	Preis	Steuersatz	Grundpreis	Steuer	Gegenprobe 1	Gegenprobe 2
2	Brötchen	5,00 €	7	4,67 €	0,33 €	5,00 €	5,00 €
3	Wurst	7,00 €	7	6,54 €	0,46 €	7,00 €	7,00 €
4	Käse	6,00 €	7	5,61 €	0,39 €	6,00 €	6,00 €
5	Marmelade	3,00 €	7	2,80 €	0,20 €	3,00 €	3,00 €
6	Äpfel	3,00 €	7	2,80 €	0,20 €	3,00 €	3,00 €
7	Birnen	4,00 €	7	3,74 €	0,26 €	4,00 €	4,00 €
8	Bananen	2,00 €	7	1,87 €	0,13 €	2,00 €	2,00 €
9	Salat	3,00 €	7	2,80 €	0,20 €	3,00 €	3,00 €
10	Seife	2,00 €	7	1,87 €	0,13 €	2,00 €	2,00 €

Die Formel-Spalten – hier zur besseren Hervorhebung gelb markiert – sind nun geschützt.

Wichtig: Betrachten Sie den Blattschutz wirklich nur als sinnvolle Vorrichtung, die eine versehentliche Aktivierung von Zellen verhindert. Große Geheimnisse jedenfalls sollten Sie keiner Zelle anvertrauen. Denn im Internet sind kleine Programme frei erhältlich, die ein Passwort schnell knacken.

Zellen mit anderen Dateien verknüpfen

Bis zu diesem Punkt erschien Excel als weitgehend „geschlossene Veranstaltung". Aber der Eindruck ändert sich jetzt mit dem Thema **Hyperlink** – eine Einrichtung, die es auch in Word und anderen Programmen gibt.

Der Begriff stammt eigentlich aus der Welt des Internets, wo man sich schnell von einer Seite zu einer anderen bewegen kann. Der Link muss also die Adresse des neuen Zieles enthalten und – auf Mausklick – den Befehl zum Sprung auslösen. Aber das geht nicht nur im weltweiten Netz, sondern per Hyperlink auch zwischen ganz unterschiedlichen Dateien auf Ihrem Rechner. Es handelt sich also um eine besondere Art der Verknüpfung: Jeder Eintrag einer Zelle kann als Hyperlink definiert werden. Und das ist auch bei der Arbeit mit einer Tabellenkalkulation überaus praktisch, hier ein paar Beispiele:

Sie verwenden eine Excel-Tabelle als elektronisches Haushaltsbuch. Sie haben ein neues Elektro- oder Elektronikgerät gekauft. Die Rechnung (vor allem für Garantieansprüche wichtig) ist unter einer fortlaufenden Nummer in einem Ringordner abgeheftet. Für solche Verweise aufs Papierarchiv möchten Sie jedoch keinen Platz in Excel opfern – zusätzliche Zellen dafür machen das Tabellenblatt schnell unübersichtlich. Sie haben aber eine Word-Datei mit einem Inhaltsverzeichnis Ihrer Ringordner angelegt. Also markieren Sie den betreffenden Texteintrag im Haushaltsbuch, oder auch nur den Betrag für den Kauf, als Hyperlink. Nur ein Klick auf Wort oder Zahl, schon erscheint die Word-Datei mit den weiter führenden Einträgen auf Ihrem Monitor. Sobald Sie Ihren Wissensdurst gestillt und Word wieder geschlossen haben, befinden Sie sich wieder auf Ihrem Tabellenblatt.

Nächstes Beispiel: Sie hatten einen Unfall mit Ihrem Auto. Es war zum Glück nur ein Blechschaden, der aber viel Geld gekostet hat, das Sie vorstrecken mussten. In Excel führen Sie ein detailliertes Protokoll der Kosten. Parallel dazu hatten Sie mit Ihrer Digitalkamera Fotos gemacht, um die einzelnen Schäden zu dokumentieren. Mit einem Hyperlink können Sie die Beträge im Tabellenblatt direkt mit den passenden Aufnahmen verknüpfen.

Oder: Sie verwenden eine Excel-Tabelle, um Ihre Schallplattensammlung im Überblick zu behalten. Parallel dazu sammeln Sie auch Informationen über Ihre Lieblingsinterpreten – Liedtexte, Rezensionen und vielleicht auch Fotos. Sie definieren also die Namen als Hyperlink, um auf Wunsch schnell zu Word-Dokumenten zu gelangen, auf denen zusätzliches Wissen hinterlegt ist. Und da auch Word Hyperlinks erlaubt, können Sie von jenem Dokument noch weiter verzweigen.

All das geht in Excel nicht nur mit Texteinträgen, sondern in jeder Zelle, selbst wenn dort eine Formel im Hintergrund wirkt, etwa um eine Summe zu ziehen. So kann der Zelle gleichsam eine dritte Dimension zugewiesen werden. Erkennbar ist der Hyperlink auf dem Tabellenblatt durch seine blaue Schriftfarbe und die Unterstreichung. Die Rückkehr aus der „angesprungenen" Datei zum ursprünglichen Ausgangspunkt ist denkbar einfach: Sie schließen die per Hyperlink geöffnete Anwendung. Schon kommt Ihre Tabelle wieder zum Vorschein.

Eine Zelle wird zum Hyperlink – wer da draufklickt, wird zum Beispiel zur Datei „Backrezept" weitergeleitet.

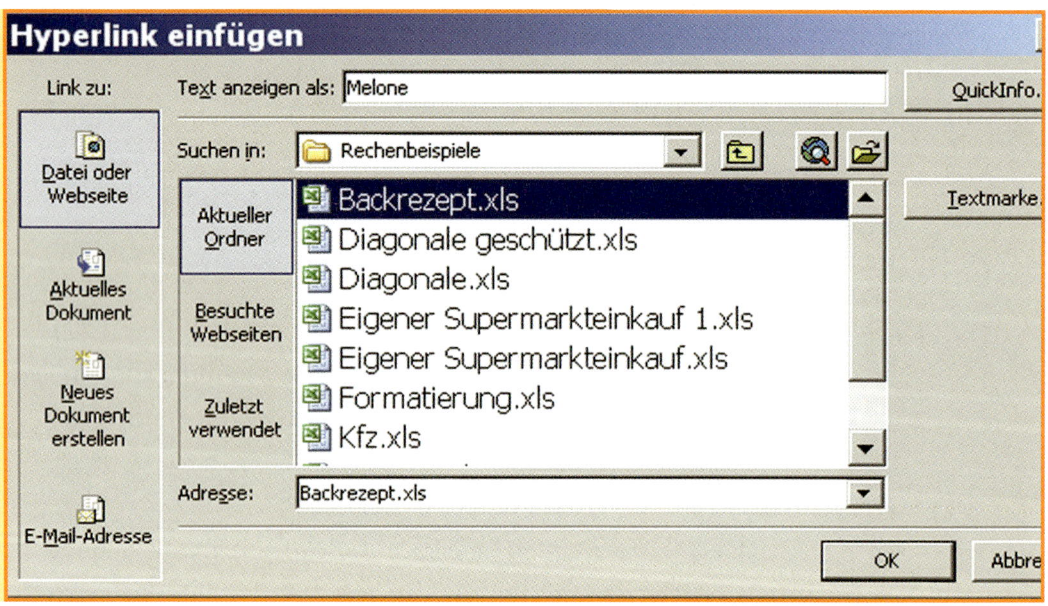

❶ Aktivieren Sie die Zelle.
❷ Klicken Sie mit der rechten Maustaste darauf und wählen Sie ***Hyperlink***.
❸ Sie erhalten die Dialogbox „Hyperlink einfügen“.
❹ Wählen Sie die Datei aus, die per Mausklick aufgerufen werden soll, beenden Sie die Auswahl mit ***OK***.

Wichtig: Damit der Hyperlink nach dem Blattschutz ansprechbar bleibt, muss die Zelle dafür freigegeben sein. Bedenken Sie auch, dass ein Hyperlink eine Adresse der Datei darstellt: Verschieben Sie die Datei, ist der Pfad nicht mehr gültig. Planen Sie also rechtzeitig eine ausbaufähige Datenstruktur – oder arbeiten Sie mit Kopien, die mit den Tabellen im eigenen Unterordner „mitwandern“ können.

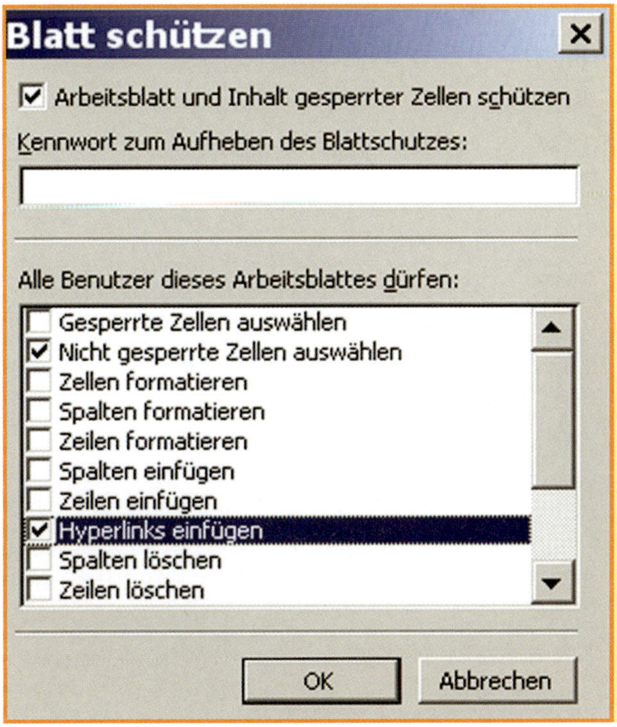

Damit bei einem teilweise gesperrten Blatt freigegebene Zellen für einen Hyperlink ansprechbar bleiben, muss in der Dialogbox „Blatt schützen“ bei der Option „Hyperlinks einfügen“ ein Häkchen gesetzt werden.

Soll und Ist

Jetzt haben Sie schon das komplette Wissen zusammen, eine Haushaltsplanung für ein ganzes Jahr anzulegen. Sie werden das Tabellenblatt so anlegen, dass es auch die Funktion eines Haushaltsbuchs übernehmen kann – die Ordnungsprinzipien sind dieselben.

Während Sie die tatsächlichen Einnahmen und Ausgaben eintragen, werden die Prognosen von den Ist-Werten überschrieben. Damit wiederum können Sie die künftigen Monate bestücken, nach dem Prinzip: Wenn das so weitergeht, dann...

Den inhaltlichen Aufbau einer Tabelle können wir hier nur beispielhaft skizzieren, da jeder Nutzer seine eigenen Prioritäten hat. Wichtig ist, dass Sie für Zusammenfassungen und Auswertungen Formeln verwenden, denn nur dann wird jede Detailänderung auf die sich fortschreibenden Ergebnisse übertragen.

Der große Plan...

...beginnt mit einer guten Vorbereitung. Aber machen Sie sich keine Sorgen, eine Tabellenkalkulation kann man zu jedem Zeitpunkt auf neue Erfordernisse anpassen.

Übung: Das Tabellenblatt einrichten

❶ Beginnen Sie mit der dritten Zeile, denn in die erste soll später eine Hauptüberschrift eingetragen werden – etwa „Meine Haushaltsplanung“ –, darunter soll aus optischen Gründen noch eine Zeile leer bleiben. Die Anzahl der Spalten ergibt sich aus den Angaben für Einnahmen und Ausgaben, den Monatsnamen Januar bis Dezember sowie den Übersichten Gesamt und Durchschnitt.

Wenn Sie den Zellen-Hintergrund färben, wählen Sie vorsichtig: Die Schrift darauf muss noch erkennbar bleiben.

❷ Schreiben Sie ***Rubrik*** in Zelle A3, ***Januar*** in B3, ***Februar*** in C3.
❸ Markieren Sie B3 und C3, fassen Sie den Ziehpunkt und ergänzen Sie die Zeile durch bis M3 für Dezember. In N3 gehört ***Gesamt*** und in O3 ***Durchschnitt***.
❹ Markieren Sie alle gefüllten Zeilen, formatieren Sie den Text auf 14 Punkt, fett und mittig.

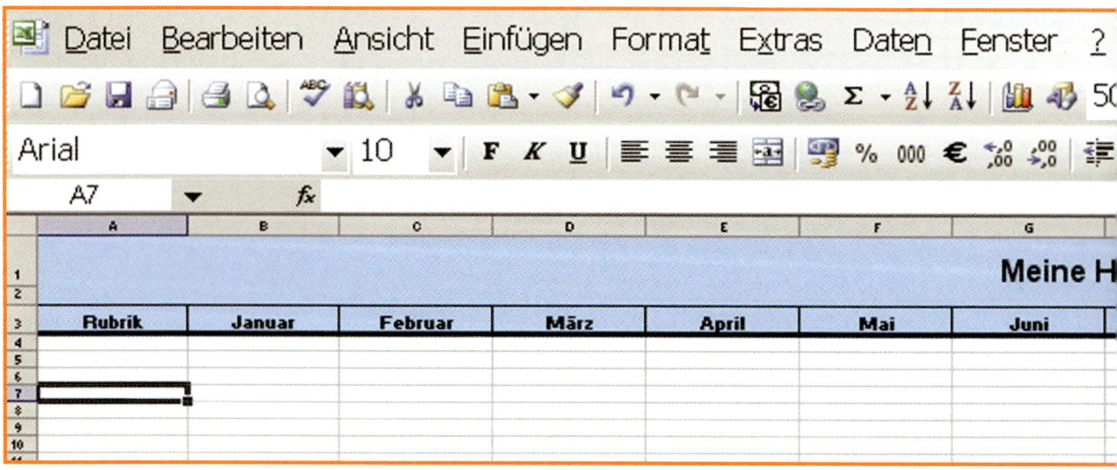

❺ Lange Monatsnamen passen nicht in die Zellen. Gehen Sie daher auf *Format_Spalte_Breite* und geben Sie **22** Punkt ein.
❻ Klicken Sie mit der rechten Maustaste auf den *Zeilenkopf* der Zeile 3, per Rechtsklick erreichen Sie das Auswahlmenü, geben Sie für die *Zeilenhöhe* ***22*** Punkt ein.
❼ Wählen Sie über *Format_Zellen* aus der Dialogbox die Option *Rahmen*, suchen Sie eine dickere Linie und platzieren Sie sie am unteren Zellrand der Zeile 3.
❽ Gehen Sie auf *Format_Zellen_Muster*, wählen Sie eine dezente Hintergrundfarbe aus – ein leichtes Blau zum Beispiel. Vorsicht: Der Text darauf muss anschließend noch lesbar sein.
❾ Markieren Sie jene Zellen der Zeilen 1 und 2, die über den gefüllten Zellen der Zeile 3 stehen.
❿ In der Formatsymbolleiste befindet sich die Schaltfläche *Verbinden und zentrieren* – sie steht gleich neben jener, mit der man Text rechtsbündig formatiert. Klicken Sie darauf, die Zeilen 1 und 2 werden zu einer langgestreckten Zelle.
⓫ Schreiben Sie ***Meine Haushaltsplanung*** (auf Wunsch plus Jahreszahl) hinein, zentrieren Sie den Text.

Das Formatsymbol „Verbinden und zentrieren“

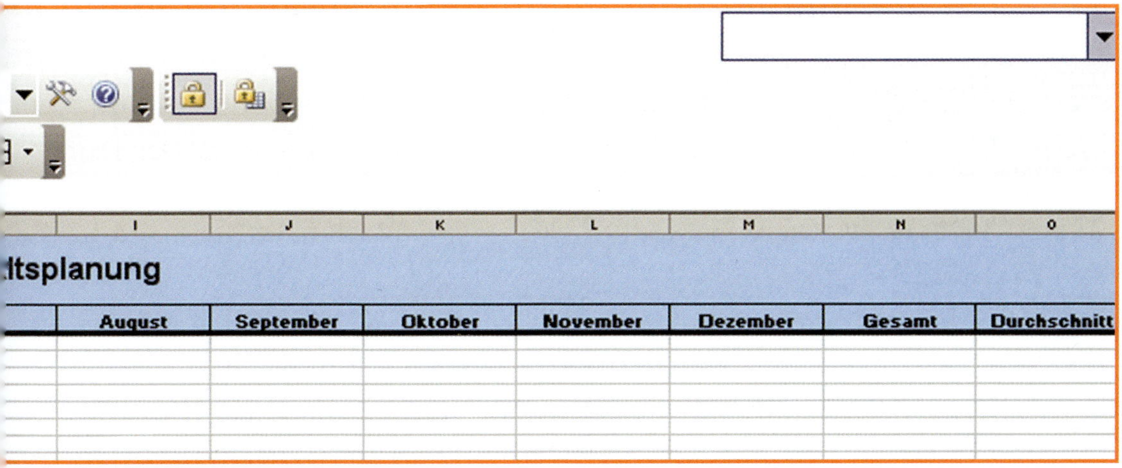

⓬ Jetzt füllen Sie die Spalte A (also senkrecht) mit Bezeichnungen für die Rubrikenzeilen aus. Beginnen Sie mit der Überschrift ***Einkünfte*** in Zelle A4, ***Übertrag aus Vorjahr*** kommt in Zelle A5, dann sollten in A6 und die weiteren Zellen alle Einnahmequellen verzeichnet werden. Reservieren Sie zwei Zeilen für das ***Guthaben gesamt***, damit sich die Zahl darin optisch von den anderen abhebt.

⓭ Formatieren Sie die Eingabezellen (hier: B5 bis B13) unter ***Format_Zellen_Zahlen_Währung*** in der Ausführung ***negative Zahlen mit Minusstrich in rot***, falls gewünscht, mit ***Eurosymbol***. Belassen Sie es zunächst bei diesen Zellen – die Formatierung aller Zellen gemeinsam folgt zu einem späteren Zeitpunkt noch. Hier geht es erst einmal darum, einen Bereich darauf kontrollieren zu können, ob die gewählten Formate (Schriftgröße, Spaltenbreiten etc.) ausreichen.

⓮ Die Formel für „Guthaben gesamt" (B15): ***=Summe(B5:B13)***

Das Wichtigste zuerst: Die Einkünfte!

	A	B
1		
2		
3	**Rubrik**	**Januar**
4	**Einkünfte**	
5	Übertrag aus Vorjahr	200,00 €
6	Gehalt	1.800,00 €
7	Nebentätigkeit	150,00 €
8	Zinsen	300,00 €
9	Mieteinnahmen	0,00 €
10	Tantiemen	0,00 €
11	Lottogewinne	0,00 €
12	Geldgeschenke	0,00 €
13	Einnahmen aus Verkäufen	0,00 €
14		
15	**Guthaben gesamt**	**2.450,00 €**

Wichtig: Legen Sie einen eigenen Ordner mit dem Titel **BUDGET ENTSTEHUNG** an. Bedenken Sie: Nichts ist ärgerlicher, als Stunden mühevoller Arbeit nur durch Unachtsamkeit zu verlieren. Nutzen Sie nach wichtigen Abschnitten die Option ***Datei_Speichern unter...*** und treffen Sie im Titel eine eindeutige Aussage, etwa: **BUDGET SCHRITT 1.XLS**, mit der Zahl nummerieren Sie die folgenden Arbeitsschritte fortlaufend. Speichern Sie die Arbeitsmappe zwischendurch häufiger durch einen kurzen Klick auf ***Speichern*** oder drücken Sie [Strg] + [S] – und sichern Sie damit die bisherigen Schritte. Sollten später Probleme entstehen, können Sie die Entstehung der Tabelle präzise zurückverfolgen. Das ist auch deshalb angeraten, weil Excel nach jedem Speichern den Zähler für das Rückgängigmachen auf Null stellt.

⓯ Fügen Sie nun in die Spalte A drei Zeilen für die Ausgaben-Gesamtsumme sowie drei weitere Zeilen für das Gesamtergebnis ein, anschließend folgen die Rubriken der Ausgaben. Wir geben hier ein Beispiel vor, das Sie nach Ihren Wünschen ändern und erweitern können, etwa um die Ausgaben für Kinder, Enkel etc.:
Wohnung (Miete, Heizung, Strom, Hausratversicherung, Telefon, GEZ etc.),
Transport (Auto/Motorrad: Kraftstoff, Versicherung, Steuer, Reparaturen, Garage, Sonderzahlungen wie Bußgelder sowie bei Pannen auch mal Bustickets etc.),
Essen & Trinken (Supermarkt, Imbiss, Restaurant),
Kultur (Bücher, Zeitung, Zeitschriften, Theater, Oper, Ausstellungen etc.),
Kleidung,
Urlaub (inklusive Bahn- und Flugtickets),
sonstige Ausgabenfelder Ihrer Wahl.

Sie können auch Zeilen für Texteingaben vorsehen, etwa für besondere Anschaffungen. Der Betrag für jeden Posten müsste dann in die Zelle der Zeile darüber oder darunter eingetragen werden. Das verlängert das Tabellenblatt freilich um etliche Bereiche, die dann doch meist leer bleiben. Da ist es besser, in ***Sonderausgaben*** allein den Betrag einzugeben. Detailinformationen können schließlich in Kommentare

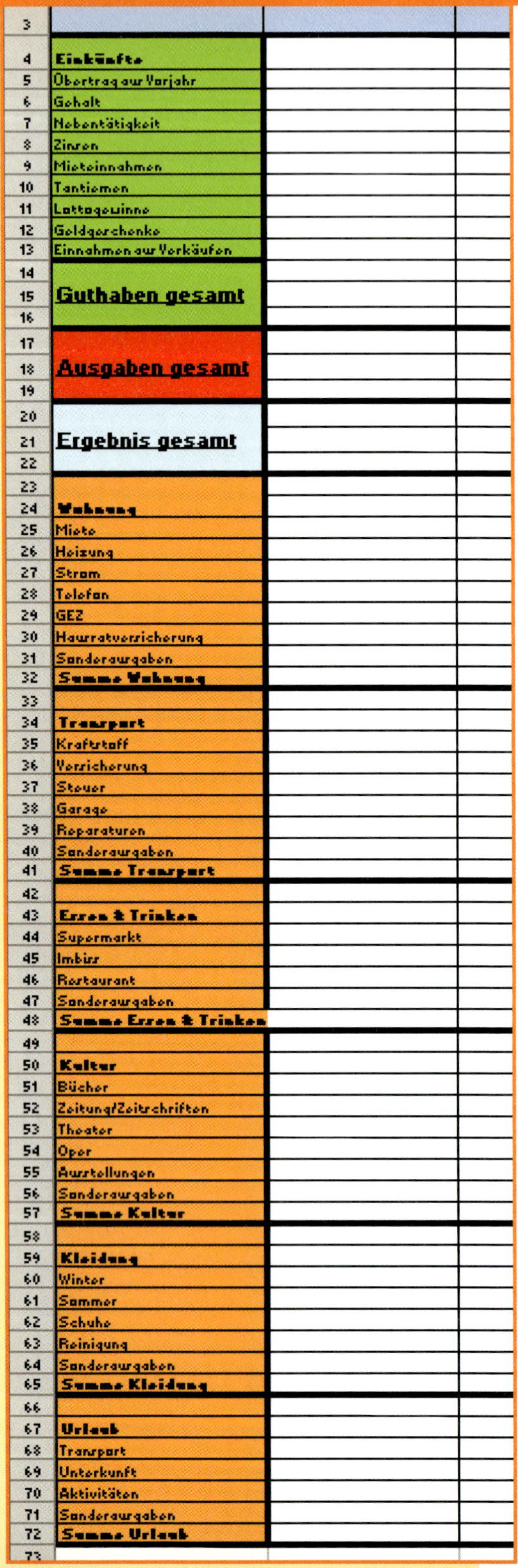

3			
4	**Einkünfte**		
5	Übertrag aus Vorjahr		
6	Gehalt		
7	Nebentätigkeit		
8	Zinsen		
9	Mieteinnahmen		
10	Tantiemen		
11	Lottogewinne		
12	Geldgeschenke		
13	Einnahmen aus Verkäufen		
14			
15	**Guthaben gesamt**		
16			
17			
18	**Ausgaben gesamt**		
19			
20			
21	**Ergebnis gesamt**		
22			
23			
24	**Wohnung**		
25	Miete		
26	Heizung		
27	Strom		
28	Telefon		
29	GEZ		
30	Hausratversicherung		
31	Sonderausgaben		
32	**Summe Wohnung**		
33			
34	**Transport**		
35	Kraftstoff		
36	Versicherung		
37	Steuer		
38	Garage		
39	Reparaturen		
40	Sonderausgaben		
41	**Summe Transport**		
42			
43	**Essen & Trinken**		
44	Supermarkt		
45	Imbiss		
46	Restaurant		
47	Sonderausgaben		
48	**Summe Essen & Trinken**		
49			
50	**Kultur**		
51	Bücher		
52	Zeitung/Zeitschriften		
53	Theater		
54	Oper		
55	Ausstellungen		
56	Sonderausgaben		
57	**Summe Kultur**		
58			
59	**Kleidung**		
60	Winter		
61	Sommer		
62	Schuhe		
63	Reinigung		
64	Sonderausgaben		
65	**Summe Kleidung**		
66			
67	**Urlaub**		
68	Transport		
69	Unterkunft		
70	Aktivitäten		
71	Sonderausgaben		
72	**Summe Urlaub**		
73			

Das Guthaben erscheint jetzt in grüner Farbe, die einzelnen Ausgaben sehen Sie auf einem orangefarbenen Hintergrund. Damit wirkt alles schon viel übersichtlicher.

eingebunden oder per Hyperlink mit der Zelle verknüpft werden. Unterhalb jeder Rubrik können Sie Monats-Zwischensummen ziehen, um die Detailausgaben zusammenzufassen. Formatieren Sie die Zwischensummen gesondert nach Ihrem Geschmack.

Wenn Sie fertig sind, sollten Sie der Rubrikenspalte eigene Hintergrundfarben spendieren und die Rahmenlinien individuell gestalten. Überdies erhöhen leer bleibende Zeilen zwischen den Rubriken die Übersichtlichkeit – aber nehmen Sie wiederum nicht zu viele, das verlängert nur das Tabellenblatt unnötig.

Wichtig: Speichern Sie spätestens jetzt das Ergebnis unter **BUDGET SCHRITT 2.XLS** oder unter einem anderen einprägsamen, nachvollziehbaren Namen.

Übung: Spalten und Zeilen fixieren

Jetzt haben Sie zwar wirklich alle Ausgabensparten berücksichtigt, doch wurde die Tabelle dabei leider sehr groß. Möchten sie alles im Überblick haben, werden die Zellen klein. Sie müssen die Ansicht zum Ausfüllen oder Lesen der Worte und Zahlen entsprechend vergrößern („heranzoomen").
Das ist in der Symbolleiste möglich. Vom Start weg meldet sich Excel mit dem Maßstab 100 %. Wenn Sie schreiben möchten, muss er diese Größe haben oder gar auf 150 % gesetzt werden (dazu überschreiben Sie den eingetragenen Wert und bestätigen mit ↵). Um alles zu überblicken, sollten Sie ihn jedoch auf 50 oder 75 % setzen.

Damit entsteht ein anderes Problem, denn nun verlieren wir beim Verschieben der Blattansicht (Scrollen) die Randeinträge oben und links (Spalten- und Zeilenbeschriftungen) aus dem Blick. Doch das muss nicht sein, wir können diese Teile des Fensters fixieren:

❶ Zoomen Sie weit weg, zum Beispiel auf 50 %. Markieren Sie alle Zellen, die verschoben werden dürfen – das bedeutet: alles außerhalb der Markierung bleibt später fixiert. Ziehen Sie also in unserem Beispiel die Markierung so, dass die Zellen von B4 an bis O72 einbezogen sind.

❷ Klicken Sie auf den Menüpunkt ***Fenster_Fenster fixieren***.

❸ Verschieben Sie anschließend die Tabelle: Die Informationen oben (Monate) und die am linken Rand (Ausgabenrubriken) bleiben an Ort und Stelle stehen. Falls Sie sich vertan haben, lässt sich die Fixierung unter ***Fenster*** mit einem Klick aufheben und neu einrichten.

Wichtig: Speichern Sie den Fortschritt der Arbeit unter **BUDGET SCHRITT 3.XLS**.

Übung: Zellendarstellung fertigstellen

In den Zellen von B5 bis O72 sollen nur Beträge stehen, kein Text. Die Zahlen werden zwei Dezimalstellen sowie das Eurozeichen erhalten, negative Zahlen das Minuszeichen und rote Farbe. Machen Sie es sich einfach: Es spielt keine Rolle, wenn Zwischenzeilen mitformatiert werden, die später leer bleiben.

❶ Markieren Sie alle Zellen von B5 bis O72.
❷ Formatieren Sie die Zellen unter ***Format_Zellen_Zahlen_Währung*** samt Eurozeichen und der Ausführung negative Zahlen mit Minusstrich in rot.
❸ Klicken Sie auf *OK* und entfernen Sie die Markierung, indem Sie auf eine Zelle außerhalb der Tabelle klicken.
❹ Speichern Sie die Arbeitsmappe.

...und die Wirklichkeit

Nutzen Sie die Tabelle anfangs als Budgetplan, tippen Sie die Einnahmen und Ausgaben als Maxima ein. Da die Zellen vernetzt sind, passt sich der Endwert sofort an. Sollten Sie in die roten Zahlen kommen, verändern Sie die Ausgabenstruktur entsprechend. Speichern Sie den Plan und nehmen Sie am Jahresbeginn eine Kopie davon, die Sie den tatsächlichen Ausgaben anpassen. Möchten Sie mehrere Pläne durchspielen, kopieren Sie einfach nur das leere, vorbereitete Blatt:

Übung: Tabelle kopieren

❶ Markieren Sie alle Zellen der Tabelle 1 mit [Strg] + [A].
❷ Kopieren Sie mit [Strg] + [C] alles in die Zwischenablage.
❸ Klicken Sie unten links auf den Karteireiter *Tabelle2*.

❹ Drücken Sie Strg + V, fertig ist die Kopie.
❺ Ein Doppelklick auf den Karteireiter aktiviert die Änderungsfunktion. Überschreiben Sie *Tabelle1* etwa mit ***Plan***, *Tabelle2* mit ***Plan 2*** oder mit ***Ist***.

Beim Kopieren von Beträgen „Werte und Zahlenformate“ wählen.

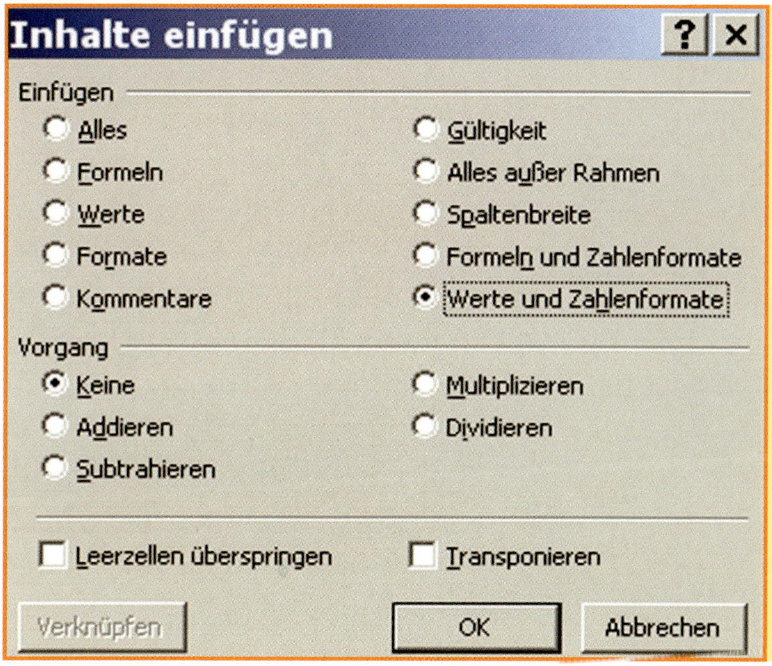

Übung: Die Planung mit Zahlen füllen

❶ Gehen Sie auf Tabelle 1 und tragen Sie die Beträge ein, die Sie schon kennen (Miete, Autoversicherung und -steuer etc.). Bei jährlichen oder Quartalszahlungen gehen Sie zu der jeweiligen Monatsspalte. Vereinfachen Sie sich die Eingabe mehrfach vorkommender Zahlungen, indem Sie den Betrag nur einmal eintippen, die Zelle wieder aktivieren, rechts klicken, auf ***Kopieren*** drücken, dann die entsprechenden Zellen aufsuchen und ***Inhalte einfügen*** klicken. In dem sich öffnenden Fenster wählen Sie ***Werte und Zahlenformate***.

❷ Überlegen Sie sich anhand Ihrer Erfahrungen oder Ihrer Kontoauszüge aus dem vergangenen Jahr, wie viel Sie für die anderen Posten veranschlagen. Tragen Sie die Beträge ein. Rechnen Sie nicht mit einer Zahlung, geben Sie eine Null ein.

❸ Markieren Sie die Zellen, in denen im Januar die Beträge für Miete, Heizung, Strom etc. stehen. Klicken Sie auf ***Auto-Summe***. In der Zeile darunter, hier B32, erscheint die Summe der Wohnungskosten:

Lassen Sie sich nicht verwirren: Beim Markieren mehrerer Zellen verändert die erste (500 €) ihre Hintergrundfarbe nicht.

23		
24	**Wohnung**	
25	Miete	500,00 €
26	Heizung	200,00 €
27	Strom	50,00 €
28	Telefon	50,00 €
29	GEZ	50,00 €
30	Hausratversicherung	130,00 €
31	Sonderausgaben	0,00 €
32	**Summe Wohnung**	**980,00 €**
33		

Fetten Sie die Schrift dieses Eintrags und arbeiten Sie dann Kostenrubrik für Kostenrubrik nach diesem Muster ab.

❹ Für die Zelle B18, „Ausgaben gesamt“ können Sie Auto-Summe nicht verwenden. Aktivieren Sie die Zelle und tippen Sie den Anfang der Formel ***=Summe*** ein. Wenn Sie möchten, können Sie hinter der Klammer alle Zellen eintippen, in denen Rubrikensummen stehen. Sie können aber auch einen Mausklick auf die jeweilige Summenzelle dazu nutzen, Excel trägt sie dann oben ein. Halten Sie während dieser Einfügearbeit die Strg-Taste gedrückt. Schließen Sie die Klammer und schicken Sie die Formel mit ↵ ab. Sie müsste so aussehen: ***=Summe(B32+B41+B48+B57+B65+B72)***.

Wichtig: Speichern Sie den Fortschritt der Arbeit unter **BUDGET SCHRITT 4.XLS**.

❺ Jetzt gilt es, das „Ergebnis gesamt“ zu berechnen: „Guthaben gesamt“ minus „Ausgaben gesamt“. In Zelle B21 gehört also die Formel ***=B15-B18***.
❻ Lassen Sie diese Zelle B21 gleich aktiviert und fassen Sie den Ziehpunkt. Ziehen Sie ihn bis in die Spalte N, in die Zelle N21 (Spalte „Gesamt“). Und – damit in der Zeile alles vollständig ist – schreiben Sie in die Zelle O21 die Formel ***=N21/12***.
❼ Speichern Sie den Fortschritt der Arbeit durch einen kurzen Klick auf ***Speichern*** oder drücken Sie [Strg] + [S].
❽ Gehen Sie die Rubriken durch – gibt es dort Posten, die Monat für Monat konstant bleiben? Bleibt Ihr Gehalt stets gleich? Tippen Sie aber für den Februar (Zelle C6) nun nicht wieder die beispielhaften 1800 Euro ein. Dazu ist eine Formel da: ***=B6***. Schicken Sie die Formel mit [↵] ab, aktivieren Sie die Zelle erneut, nehmen Sie den Ziehpunkt und fahren Sie damit die Zeile entlang, bis einschließlich Dezember. In allen Zellen der Zeile 6 erscheint jetzt der Betrag, den Sie für den Januar eingegeben haben – aber eben als Formel, die sich stets auf den Vormonat bezieht. Sollte Ihr Arbeitgeber im Verlauf des Jahres Ihr Gehalt erhöhen, ersetzen Sie in dem betreffenden Monat die Formel einfach durch den neuen Betrag – in den Folgezellen wird das automatisch berücksichtigt, ebenso in allen anderen, die sich darauf beziehen.
❾ In die Zelle N6 (Spalte „Gesamt“) schreiben Sie die Formel: ***=Summe(B6:M6)***, damit wird alles addiert, was unter der Rubrik Gehalt gebucht ist oder noch wird.
❿ In die Zelle O6 (sie wird für den monatlichen Durchschnittswert gebraucht) kommt dann folgerichtig der Durchschnittsteiler: **=N6/12**. Bestätigen Sie diese Formel mit [↵].

⓫ Aktivieren Sie die Zelle erneut, nehmen Sie den Ziehpunkt und fahren Sie damit die Spalte hinunter bis O15. Damit haben Sie die Formel in alle Zellen kopiert, und zwar so, dass sie sich jeweils auf die Zeile bezieht, in der die Zelle steht. Kontrollieren Sie solche Arbeiten bisweilen noch einmal nach – zwar klappt das immer, aber vielleicht unterläuft Ihnen ja doch mal ein falscher Mausklick...

⓬ Gehen Sie nun in der Spalte N genauso vor.

⓭ Zurück zu den Einkommensrubriken. Zinsen gibt es vielleicht noch jeden Monat, Nebeneinkünfte und Mieteinnahmen auch. Deshalb können Sie auch hierfür die passenden Formeln ***=B7***, ***=B8*** und ***=B9*** in die Februar-Spalte eingeben und jeweils mit dem Ziehpunkt bis Dezember hin ausfüllen.

⓮ Aber Lottogewinne und Geldgeschenke gibt es leider nicht zuverlässig jeden Monat. In solche Zellen gehört daher eine Null, bis in irgendeinem glücklichen Monat tatsächlich etwas eintrifft.

⓯ Für Guthaben gesamt (in Zelle C15) könnten Sie jetzt die Summenformel Monat für Monat per Hand eingeben. Aber wozu gibt es denn den Ziehpunkt? Aktivieren Sie jene Zelle, in der schon eine solche Formel steht (B15), bewegen Sie den Ziehpunkt eine Zelle weiter nach rechts und schließlich bis in den Dezember. Auch diese Formel wird zuverlässig auf die seitlichen Folgezellen hin angepasst. Das Einzige, was dabei passieren kann: Die Formatierung des Zellenrands wird mitgezogen. Wenn da also eine Linienfettung war, wird sie mitkopiert.

⓰ Komplettieren Sie das Tabellenblatt mit Hilfe von AutoSumme, Ziehpunkt und Kopieren nun selbstständig.

Möchten Sie nun vielleicht eine Rubrik löschen oder eine weitere einfügen? Es ist nicht schwer, die Tabelle nachträglich zu verändern. Sie haben es bereits gelernt, eine Zeile/Spalte hinzuzufügen oder zu entfernen. Beim Einfügen ist es wichtig darauf zu achten, welches Format man übernimmt, Excel bietet alle Möglichkeiten an.

À propos, Möglichkeiten: Besonders präzise Menschen möchten sich auch einen genauen Überblick über ihre einzelnen Bestände verschaffen, die Bandbreite reicht vom Giro- übers Sparkonto bis hin zu dem aktuellen Wert von Aktienpaketen. Zudem darf das Geld in der Brieftasche nicht vergessen werden. Also könnte man nun noch auf die Idee kommen, die hier vorhandene Übersicht mit Einzelkonten zu verknüpfen, aus denen je nach Bestandsbereich Einnahmen und Ausgaben erkennbar werden. Schließlich ließe sich daraus sogar der aktuelle Füllstand der Brieftasche ablesen.
Aber die Einrichtung einer solchen Verzweigung ist nicht nur ein bisschen komplizierter, ihre Nutzung verlangt auch eine große Eingabedisziplin im Alltag. Insofern ist eine solche Verknüpfung nichts für unseren Einsteigerkurs, aber immerhin als Idee für spätere Erweiterungen Ihrer Tabelle denkbar, wenn Sie sich in Excel erst einmal zu Hause fühlen.

⓱ Ist das Blatt fertiggestellt, sollten Sie zum Schutz vor unbeabsichtigten Veränderungen den Zellschutz aktivieren (→ Seite 93). Da man die Zellen, die man zur Benutzung freischalten will, mit gedrückter [Strg]-Taste ohne Zwischenschritte markieren kann, ist das eine Sache von Sekunden. Hier das Blatt mit den entsprechend markierten Zellen:

→

	A	B	C	D	E	F	G
1							**Meine Hausha**
2							
3	**Rubrik**	**Januar**	**Februar**	**März**	**April**	**Mai**	**Juni**
4	**Einkünfte**						
5	Übertrag aus Vorjahr	400,00					
6	Gehalt	1.800,00	1.800,00	1.800,00	1.800,00	1.800,00	1.800,00
7	Nebentätigkeit	150,00	150,00	150,00	150,00	150,00	150,00
8	Zinsen	300,00	300,00	300,00	300,00	300,00	300,00
9	Mieteinnahmen	0,00	0,00	0,00	0,00	0,00	0,00
10	Tantiemen	0,00	0,00	0,00	0,00	0,00	0,00
11	Lottogewinne	0,00	0,00	0,00	3,75	0,00	0,00
12	Geldgeschenke	0,00	0,00	0,00	0,00	0,00	0,00
13	Einnahmen aus Verkäufen	0,00	0,00	0,00	0,00	750,00	0,00
14							
15	**Guthaben gesamt**	**2.650,00**	**2.250,00**	**2.250,00**	**2.253,75**	**3.000,00**	**2.250,00**
16							
17							
18	**Ausgaben gesamt**	**3.180,00**	**1.440,00**	**1.490,00**	**1.490,00**	**1.490,00**	**1.440,00**
19							
20							
21	**Ergebnis gesamt**	**-530,00**	**810,00**	**760,00**	**763,75**	**1.510,00**	**810,00**
22							
23							
24	**Wohnung**						
25	Miete	500,00	500,00	500,00	500,00	500,00	500,00
26	Heizung	200,00	200,00	200,00	200,00	200,00	200,00
27	Strom	50,00	0,00	50,00	0,00	50,00	0,00
28	Telefon	50,00	50,00	50,00	50,00	50,00	50,00
29	GEZ	50,00	0,00	0,00	50,00	0,00	0,00
30	Hausratversicherung	130,00	0,00	0,00	0,00	0,00	0,00
31	Sonderausgaben	0,00	0,00	0,00	0,00	0,00	0,00
32	**Summe Wohnung**	**980,00**	**750,00**	**800,00**	**800,00**	**800,00**	**750,00**
33							
34	**Transport**						
35	Kraftstoff	100,00	100,00	100,00	100,00	100,00	100,00
36	Versicherung	50,00	50,00	50,00	50,00	50,00	50,00
37	Steuer	300,00	0,00	0,00	0,00	0,00	0,00
38	Garage	300,00	0,00	0,00	0,00	0,00	0,00
39	Reparaturen	0,00	0,00	0,00	0,00	0,00	0,00
40	Sonderausgaben	0,00	0,00	0,00	0,00	0,00	0,00
41	**Summe Transport**	**750,00**	**150,00**	**150,00**	**150,00**	**150,00**	**150,00**
42							
43	**Essen & Trinken**						
44	Supermarkt	150,00	150,00	150,00	150,00	150,00	150,00
45	Imbiss	30,00	30,00	30,00	30,00	30,00	30,00
46	Restaurant	100,00	100,00	100,00	100,00	100,00	100,00
47	Sonderausgaben	0,00	0,00	0,00	0,00	0,00	0,00
48	**Summe Essen & Trinken**	**280,00**	**280,00**	**280,00**	**280,00**	**280,00**	**280,00**
49							
50	**Kultur**						
51	Bücher	50,00	50,00	50,00	50,00	50,00	50,00
52	Zeitung/Zeitschriften	30,00	30,00	30,00	30,00	30,00	30,00
53	Theater	80,00	80,00	80,00	80,00	80,00	80,00
54	Oper	70,00	70,00	70,00	70,00	70,00	70,00
55	Ausstellungen	30,00	30,00	30,00	30,00	30,00	30,00
56	Sonderausgaben	0,00	0,00	0,00	0,00	0,00	0,00
57	**Summe Kultur**	**260,00**	**260,00**	**260,00**	**260,00**	**260,00**	**260,00**
58							
59	**Kleidung**						
60	Winter	130,00	0,00	0,00	0,00	0,00	0,00
61	Sommer	0,00	0,00	0,00	0,00	0,00	0,00
62	Schuhe	100,00	0,00	0,00	0,00	0,00	0,00
63	Reinigung	30,00	0,00	0,00	0,00	0,00	0,00
64	Sonderausgaben	0,00	0,00	0,00	0,00	0,00	0,00
65	**Summe Kleidung**	**260,00**	**0,00**	**0,00**	**0,00**	**0,00**	**0,00**
66							
67	**Urlaub**						
68	Transport	200,00	0,00	0,00	0,00	0,00	0,00
69	Unterkunft	300,00	0,00	0,00	0,00	0,00	0,00
70	Aktivitäten	100,00	0,00	0,00	0,00	0,00	0,00
71	Sonderausgaben	50,00	0,00	0,00	0,00	0,00	0,00
72	**Summe Urlaub**	**650,00**	**0,00**	**0,00**	**0,00**	**0,00**	**0,00**
73							

Die grau markierten Zellen sollen offen bleiben. Alles andere wird gegen einen versehentlichen

…lanung für 2006

	I	J	K	L	M	N	O
…li	August	September	Oktober	November	Dezember	Gesamt	Durchschnitt
						400,00	
1.800,00	1.800,00	1.800,00	1.800,00	1.800,00	1.800,00	21.600,00	1.800,00
150,00	150,00	150,00	150,00	150,00	150,00	1.800,00	150,00
300,00	300,00	300,00	300,00	300,00	300,00	3.600,00	300,00
0,00	0,00	0,00	0,00	0,00	0,00	0,00	0,00
0,00	0,00	0,00	0,00	0,00	0,00	0,00	0,00
0,00	0,00	0,00	0,00	0,00	0,00	3,75	0,31
0,00	0,00	0,00	0,00	50,00	0,00	50,00	4,17
0,00	0,00	0,00	0,00	0,00	0,00	750,00	62,50
						0,00	0,00
2.250,00	**2.250,00**	**2.250,00**	**2.250,00**	**2.300,00**	**2.250,00**	**28.203,75**	**2.350,31**
1.540,00	**1.440,00**	**1.490,00**	**1.490,00**	**1.490,00**	**1.440,00**	**19.420,00**	**1.618,33**
710,00	**810,00**	**760,00**	**760,00**	**810,00**	**810,00**	**8.783,75**	**731,98**
500,00	500,00	500,00	500,00	500,00	500,00	6.000,00	500,00
200,00	200,00	200,00	200,00	200,00	200,00	2.400,00	200,00
50,00	0,00	50,00	0,00	50,00	0,00	300,00	25,00
50,00	50,00	50,00	50,00	50,00	50,00	600,00	50,00
50,00	0,00	0,00	50,00	0,00	0,00	200,00	16,67
0,00	0,00	0,00	0,00	0,00	0,00	130,00	10,83
0,00	0,00	0,00	0,00	0,00	0,00	0,00	0,00
850,00	**750,00**	**800,00**	**800,00**	**800,00**	**750,00**	**9.630,00**	**802,50**
100,00	100,00	100,00	100,00	100,00	100,00	1.200,00	100,00
50,00	50,00	50,00	50,00	50,00	50,00	600,00	50,00
0,00	0,00	0,00	0,00	0,00	0,00	300,00	25,00
0,00	0,00	0,00	0,00	0,00	0,00	300,00	25,00
0,00	0,00	0,00	0,00	0,00	0,00	0,00	0,00
0,00	0,00	0,00	0,00	0,00	0,00	0,00	0,00
150,00	**150,00**	**150,00**	**150,00**	**150,00**	**150,00**	**2.400,00**	**200,00**
150,00	150,00	150,00	150,00	150,00	150,00	1.800,00	150,00
30,00	30,00	30,00	30,00	30,00	30,00	360,00	30,00
100,00	100,00	100,00	100,00	100,00	100,00	1.200,00	100,00
0,00	0,00	0,00	0,00	0,00	0,00	0,00	0,00
280,00	**280,00**	**280,00**	**280,00**	**280,00**	**280,00**	**3.360,00**	**280,00**
50,00	50,00	50,00	50,00	50,00	50,00	600,00	50,00
30,00	30,00	30,00	30,00	30,00	30,00	360,00	30,00
80,00	80,00	80,00	80,00	80,00	80,00	960,00	80,00
70,00	70,00	70,00	70,00	70,00	70,00	840,00	70,00
30,00	30,00	30,00	30,00	30,00	30,00	360,00	30,00
0,00	0,00	0,00	0,00	0,00	0,00	0,00	0,00
260,00	**260,00**	**260,00**	**260,00**	**260,00**	**260,00**	**3.120,00**	**260,00**
0,00	0,00	0,00	0,00	0,00	0,00	130,00	10,83
0,00	0,00	0,00	0,00	0,00	0,00	0,00	0,00
0,00	0,00	0,00	0,00	0,00	0,00	100,00	8,33
0,00	0,00	0,00	0,00	0,00	0,00	30,00	2,50
0,00	0,00	0,00	0,00	0,00	0,00	0,00	0,00
0,00	**0,00**	**0,00**	**0,00**	**0,00**	**0,00**	**260,00**	**21,67**
0,00	0,00	0,00	0,00	0,00	0,00	200,00	16,67
0,00	0,00	0,00	0,00	0,00	0,00	300,00	25,00
0,00	0,00	0,00	0,00	0,00	0,00	100,00	8,33
0,00	0,00	0,00	0,00	0,00	0,00	50,00	4,17
0,00	**0,00**	**0,00**	**0,00**	**0,00**	**0,00**	**650,00**	**54,17**

…ugriff gesperrt.

1 2 3

Die tägliche Arbeit

Jetzt ist die Vorbereitung Ihres elektronischen Haushaltsbuchs fertig, Sie müssen nur noch die Disziplin aufbringen, die Tabelle beständig (möglichst jeden Tag) mit den korrekten Zahlen zu füttern. Aber das ist, wie Sie bald sehen werden, kein großer Aufwand.

Sie können den Zellen **erläuternde Kommentare** zuweisen, aber auch Zusammenfassungen ganzer Bereiche anfertigen und **grafisch aufbereiten**: Kreis-, Balken- und Säulendiagramme bis hin zur dreidimensionalen Ausrichtung sind mit Hilfe eines Assistenten flugs angefertigt. Hier zeigen wir Ihnen auch, wie Sie das Programm für die **Ausgabe** der Tabelle **auf dem Drucker** einrichten.

Und wenn Sie Excel nicht nur für Ihre Haushaltsübersicht verwenden, sondern längere Aufstellungen oder Datenbanken anfertigen, erleichtern Ihnen die vorhandenen **Sortierfunktionen, Filter und Pivot-Darstellungen**, Gruppen zusammenzufassen oder einzelne Elemente gezielt aus der Menge der Eingaben herauszusuchen.

Einen besonderen Stellenwert der täglichen Arbeit sollte freilich auch die **Sicherheit** einnehmen. Nichts wäre ärgerlicher als der Verlust von Daten, die womöglich schon über fast ein ganzes Jahr hinweg eingegeben worden sind...

Übung: Beträge in der Zelle addieren

Bereits vor Jahresbeginn haben Sie die Planung erstellt und sie (beispielsweise) unter **BUDGET SCHRITT 2.XLS** abgespeichert, diese Tabelle holen Sie sich nun als Kopie auf den Bildschirm. Speichern Sie sie etwa unter **IST 2006.XLS.**

In diese neue Datei geben Sie Monat für Monat die tatsächlichen Werte ein. Sie überschreiben einfach die Einträge in den Zellen.

Ein Beispiel: Nach dem ersten Supermarktbesuch des Monats geben Sie den Betrag – sagen wir: ***30*** Euro – in die Zelle ein und überschreiben jenen, der in der Zelle stand. Nach dem nächsten Einkauf schreiben Sie vor die 30 ein Gleichheitszeichen **=** und hinter die 30 mit einem **+** den aktuellen Betrag. Im Verlauf des Monats wächst die Eingabe, Excel rechnet brav alles zusammen und weist in der Zelle nur die Summe aus. Am Monatsende müssen Sie nur noch prüfen, ob in Zellen mancher Rubriken Planzahlen stehen geblieben sind, weil es dort gar keine echten Ausgaben gab.

Übung: Kommentare einfügen

Sie können jeder Zelle einen Kommentar zuweisen: Rechtsklick auf die Zelle, ***Kommentar einfügen***, und los geht's.

Ist der Zelle schon ein Kommentar angehängt, ist sie mit einem kleinen roten Dreieck in der rechten oberen Ecke gekennzeichnet. Streichen Sie mit dem Mauszeiger über diese Zelle, wird der Eintrag angezeigt. Über das Auswahlmenü, das sich beim Mausklick mit der rechten Taste öffnet, kann der Kommentar bearbeitet oder gelöscht werden, mit der Option ***Kommentar ein-/ausblenden*** kann er auf dem Tabellenblatt fixiert werden.

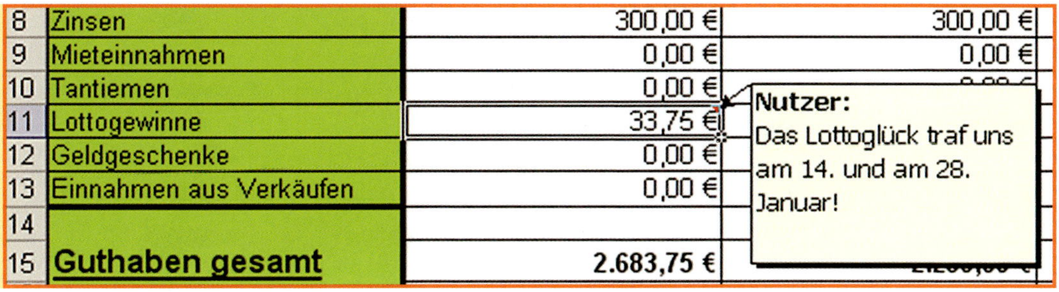

Im Kommentar kann der Nutzer (Name der auf dem Rechner angemeldeten Person) einen erläuternden Kommentar einfügen. Hier lassen sich auch die einzelnen Teilbeträge aufschlüsseln.

Bei Tabellen mit für den Zugriff gesperrten Zellen muss allerdings eine Voraussetzung fürs Kommentieren erfüllt sein: Derjenige, der den Blattschutz einschaltet, muss die Kommentieroption freigeben. Geschieht das nicht, sind selbst freigegebene Zellen gegen Kommentierung gesperrt. Also über ***Extras_Schutz_Blatt*** oder über das rechte Schloss-Symbol zur Dialogbox „Blatt schützen“. Das Feld neben dem Eintrag ***Objekte bearbeiten*** erhält ein Häkchen.

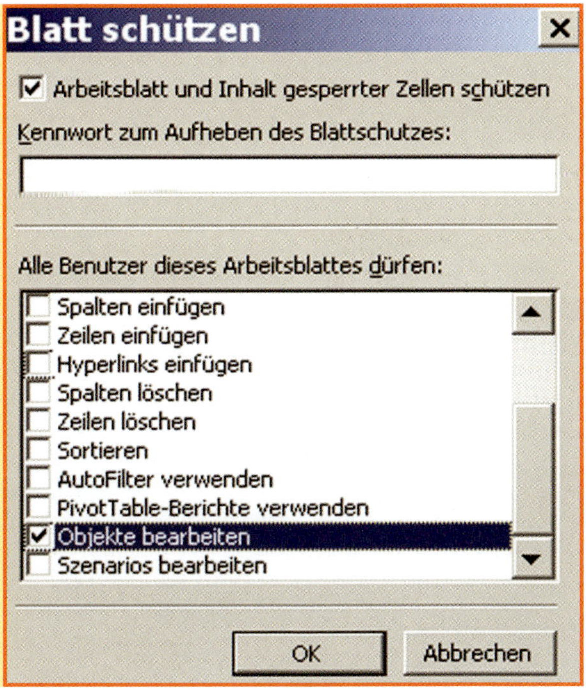

Wird das Tabellenblatt geschützt, muss die Option „Objekte bearbeiten“ mit einem Häkchen versehen sein. Sonst dürfen auch freigeschaltete Zellen nicht mit einem Kommentar versehen werden.

Grafiken anfertigen

Am Beispiel eines Backrezepts (→ Seite 56) haben Sie gelernt, den Dreisatz anzuwenden. Das Rezept nehmen wir dazu, die Funktion der Grafikdarstellung zu beschreiben. So kann man Größenverhältnisse und Mengenunterschiede mit Bildern viel einprägsamer vermitteln als mit Zahlenreihen.

Übung: *Ein Kreisdiagramm erstellen*

❶ Öffnen Sie die Datei **BACKEN.XLS**.

❷ In der Symbolleiste finden Sie den Diagramm-Assistenten, das zweite Schaltfeld links vom Zoom. Ein Klick drauf öffnet diese Dialogbox:

Grafiken lassen sich mit Hilfe des Diagramm-Assistenten anfertigen.

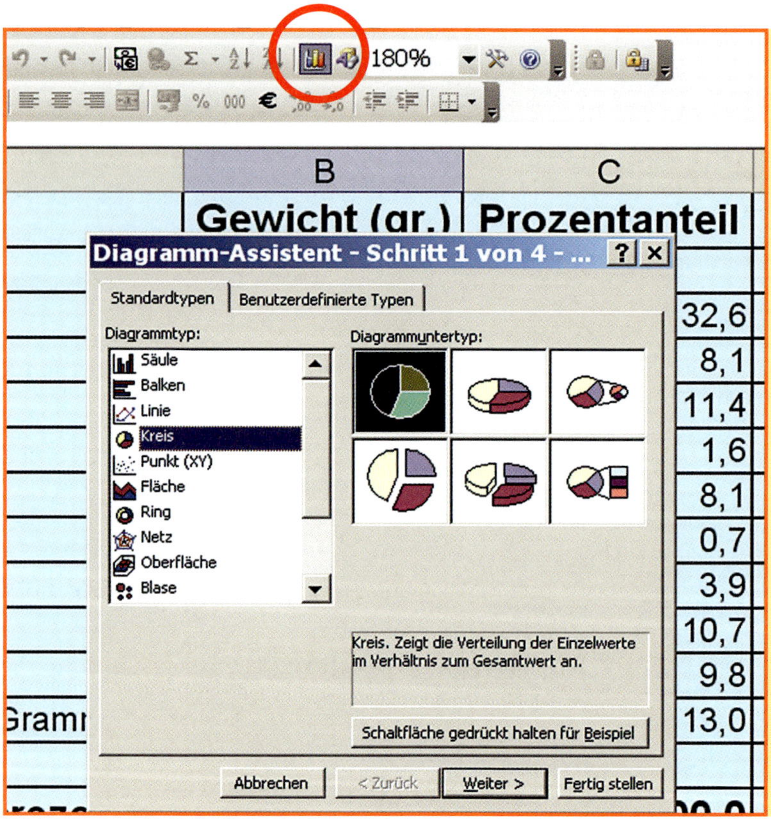

❸ Bevor Sie hier weiter arbeiten, überlegen Sie sich, welche Daten Sie darstellen wollen. Je mehr es sind, desto unübersichtlicher wird das Ergebnis, das eigentliche Ziel wird verfehlt.
❹ Markieren Sie die gewünschten Zellen – in unserem Beispiel die Zutaten in der Spalte D. (Auch hier gilt: Die erste markierte Zelle erscheint auf dem Bildschirm nicht so markiert wie die folgenden. Lassen Sie sich also nicht verwirren.)
❺ Klicken Sie nun auf den ***Diagramm-Assistenten***.
❻ Die Dialogbox öffnet sich mit dem ersten von vier Schritten. Auf der linken Seite sehen Sie die vielfältigen Darstellungsmöglichkeiten: Säulen, Balken, Kreise, Flächen und anderes mehr. Zu jedem Diagrammtyp gibt es Untertypen, aus denen man auswählen kann.
❼ Klicken Sie auf den im Bild schwarz unterlegten Untertyp ***Kreis*** und dann auf ***Weiter***.
❽ Im Schritt 2 können Sie noch Einfluss auf den Datenbereich nehmen. Klicken Sie auf ***Weiter***.
❾ Schritt 3: Jetzt können Sie eine Überschrift eingeben, wählen, ob Sie eine Legende möchten und wo sie platziert werden soll. Außerdem können Sie bestimmen, wie viel Beschriftung dabei sein soll. Die Inhalte werden Sie später ändern können.
❿ Schritt 4: Sie können aussuchen, ob Excel für die Grafik ein eigenes Tabellenblatt anlegt, oder ob das Programm das Bild in die vorhandene Tabelle einfügt. Wählen Sie Letzteres: Sie können das Bild jederzeit vergrößern, verkleinern und verschieben.
⓫ Klicken Sie auf ***Fertig stellen*** und seien Sie über das Ergebnis nicht zu sehr enttäuscht. Gerade dann, wenn viele Daten zur Grundlage des Diagramms genutzt werden, überlappen sich die Beschriftungen stark.

⓬ Klicken Sie die einzelnen Titel so an, dass sich der jeweilige Rahmen zeigt, können Sie die Beschriftungen entzerren. Dann tippen Sie passende Inhalte hinein (Beispiel: statt „Reihe 1“ nun ***Mehl***). Sollten Sie den Text verschieben, passt sich die Linie zwischen Text und Grafiksegment automatisch an.
⓭ Sie können die Legende aus der Grafik löschen, allerdings bleibt der Gesamtrahmen weiterhin darauf ausgerichtet (er hält rechts mehr Platz frei als links). Probieren Sie einfach mehrere Möglichkeiten und speichern Sie das Ergebnis.

Die Anteile der Zutaten in der Übersicht

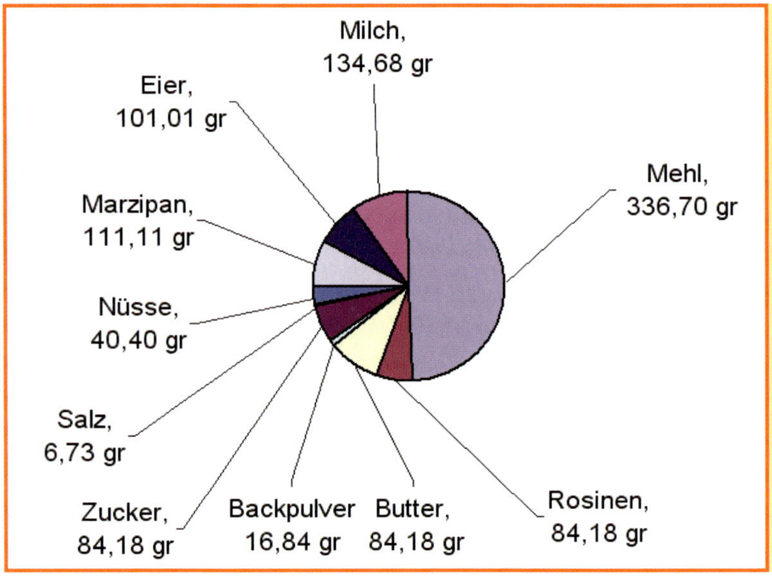

Daten automatisch sortieren lassen

Eine Tabellenkalkulation soll den Überblick über Datenbestände vereinfachen. Oft liegen diese Informationen aber zunächst ungeordnet vor. Eine Liste von Supermarkteinkäufen zum Beispiel ist nach dem Datum der Käufe allmählich „gewachsen“. Wie oft Bananen oder Äpfel erstanden wurden, ist auf den ersten Blick so nicht ersichtlich – es sei denn, man gruppiert alles nach den Stichworten „Bananen“ oder „Äpfel“ um. Genau das macht eine Sortierfunktion selbsttätig. Beim Supermarkteinkauf mag das nicht nötig sein, aber bei großen Tabellen werden Sie diese Funktion sehr schätzen.

Eine Tabellenkalkulation ist auch als Datenbank einzusetzen, etwa für eine Sammlung von Adressen und Rufnummern. Und dann ist eine Sortierung unbedingt notwendig, man möchte sich ja nicht um das Einordnen kümmern müssen.

Übung: Listen alphabetisch sortieren (lassen)

❶ In ein neues Tabellenblatt geben Sie eine Namenliste ein:

Füllen Sie die erste Zeile mit den Oberbegriffen, dann geben Sie die Namenliste ein.

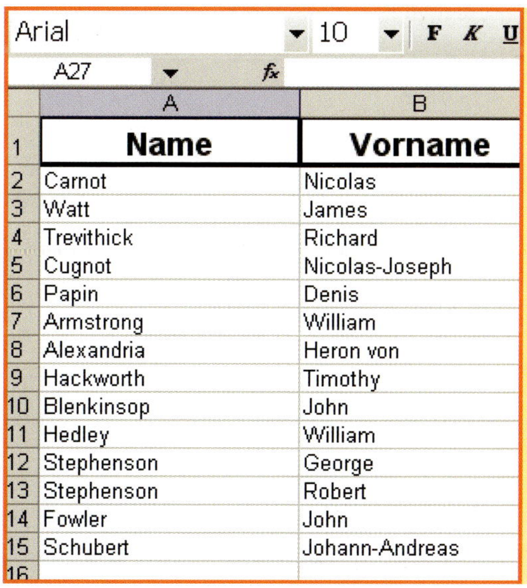

	A	B
1	**Name**	**Vorname**
2	Carnot	Nicolas
3	Watt	James
4	Trevithick	Richard
5	Cugnot	Nicolas-Joseph
6	Papin	Denis
7	Armstrong	William
8	Alexandria	Heron von
9	Hackworth	Timothy
10	Blenkinsop	John
11	Hedley	William
12	Stephenson	George
13	Stephenson	Robert
14	Fowler	John
15	Schubert	Johann-Andreas
16		

❷ Nun markieren Sie alle gefüllten Felder und klicken auf ***Daten_Sortieren***. Die Dialogbox „Sortieren“ erscheint.

❸ Hier können Sie bis zu drei Spalten vorgeben, in denen nacheinander sortiert werden soll.

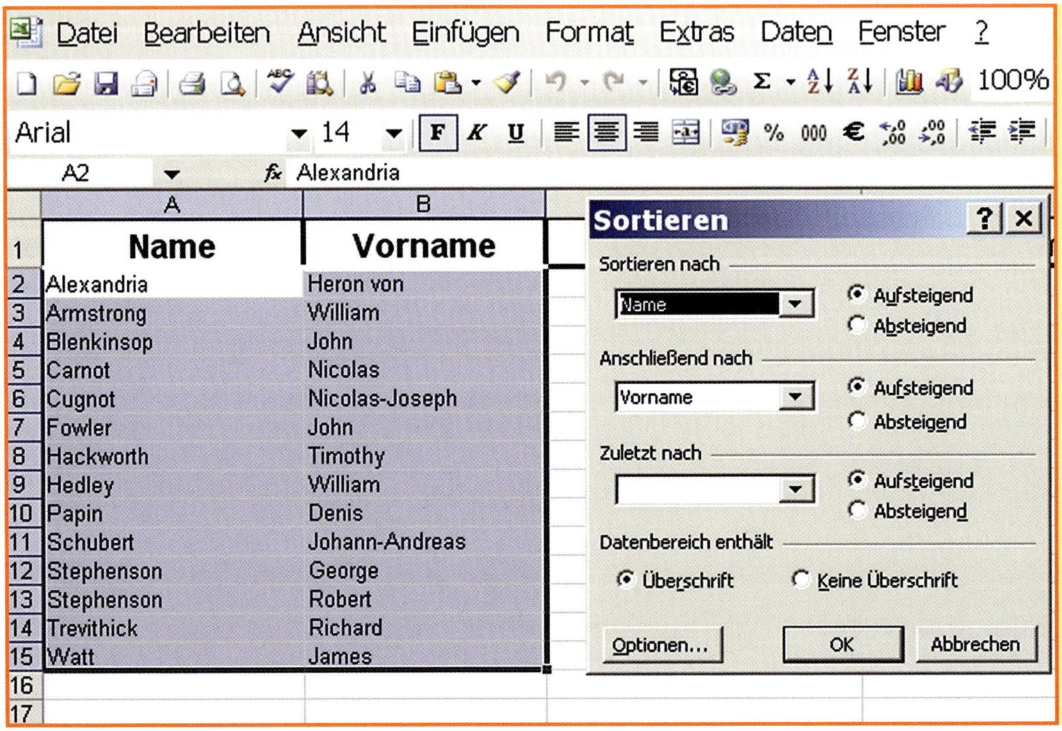

Schnell sortiert nach Namen und Vornamen – kommt noch einer hinzu, wird er so an die richtige Position gestellt.

In diesem Beispiel richtet sich der erste Schritt der Rangfolge erst einmal alphabetisch nach den Familiennamen – wie in jeder herkömmlichen Telefonliste auch. Aber von den Stephensons gibt es zwei, also kommt in der zweiten Sortierabfolge der Vorname zum Zuge, damit „George“ vor „Robert“ steht. In der dritten Rubrik könnte dann noch zusätzlich nach dem Wohnort sortiert werden.

Wichtig: Sollten mehr Daten in den Zeilen stehen (zum Beispiel die Adressen und Telefonnummern), müssen auch sie mit markiert werden, selbst wenn sie nicht zu den Sortierkriterien gehören. Sonst bleiben sie in ihrer ursprünglichen Reihenfolge stehen, werden also bei der Umgruppierung nicht „mitgenommen“.

Unwichtiges ausblenden mit Filtern

Zusätzlich zur Sortierfunktion können Datenbestände auch mit einem Filter bearbeitet werden: Dabei werden alle Einträge ausgeblendet, die nicht einem gewünschten Kriterium entsprechen. Wie betrachten hier nur den **Auto-Filter**, er ist selbst für Einsteiger recht einfach zu bedienen.

Übung: Gleiche Vornamen herausfiltern

Ein Filter blendet alles aus, was nicht den Suchkriterien entspricht. Wählt man aus dieser Liste etwa den Vornamen „William“, bleiben nur Armstrong und Hedley übrig.

❶ Aktivieren Sie die Zellen, in denen die Oberbegriffe (hier: Name, Vorname) stehen.

❷ Klicken Sie auf ***Daten_Filter_Auto-Filter***.

❸ Neben den Oberbegriffen befinden sich nun Dreiecke.

❹ Sie suchen zum Beispiel all jene Leute, die den Vornamen „William“ tragen. Klappen Sie das Menü per Klick aufs ***Dreieck*** herunter, Klicken Sie auf ***William***. Anschließend bleiben nur noch die Einträge auf dem Bildschirm, auf die diese Bedingung zutrifft, es sind Armstrong und Hedley.

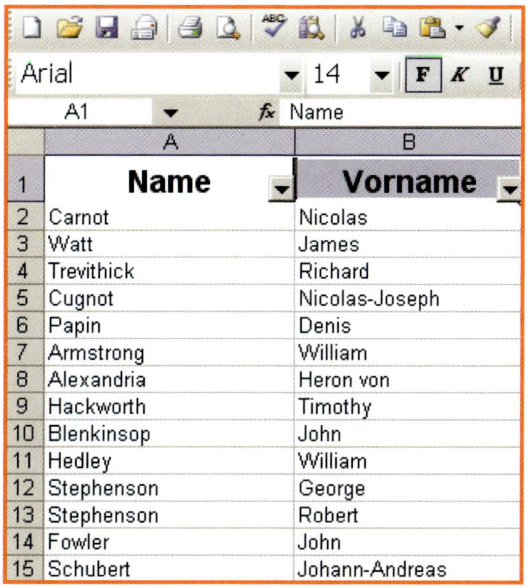

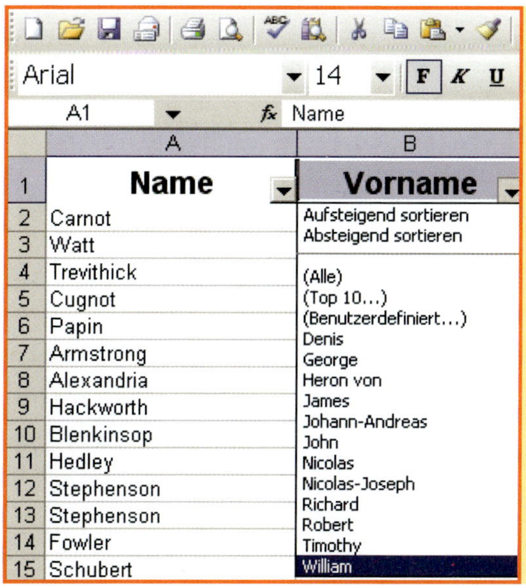

Zusammenfassen mit Pivot-Tabellen

Die Pivot-Tabelle ist ebenfalls eine Sortierfunktion, aber eine ganz besondere. Sie ermöglicht es zum Beispiel, Daten langer Aufzählungen nach Ordnungsprinzipien zu sortieren, die Sie vorgeben können. Pivot-Tabellen werden vor allem in Wirtschaft und Statistik eingesetzt – das Ergebnis besteht aus einer sortierten Zusammenfassung.

Aber keine Furcht davor, dass wir tief in mathematisch-wissenschaftliche Bereiche abtauchen, wir stellen diese Funktion nur in ihrer einfachsten Form vor. Hier soll eine ellenlange Liste von Einkäufen so sortiert werden, dass wir schnell erkennen, wie viele Melonen, Steaks, Broccolis und Nudelpakete sowie Flaschen Bier und Brause eingekauft wurden.

Übung: Einkaufslisten auswerten

❶ Für diese Übung benötigen Sie eine lange Tabelle mit Überschriften. Rufen Sie die Datei **MITTAGSEINKAUF.XLS** auf, fügen Sie eine neue, leere Zeile 1 ein und setzen Sie dort vor allem die Spaltenüberschriften ***Ware*** und ***Anzahl*** ein. Auf das Datum und den Preis kommt es nicht an. Nur muss die Liste für die weitere Arbeit verlängert werden:

❷ Markieren Sie alle gefüllten Zellen (ohne die neuen Überschriften), öffnen Sie mit der rechten Maustaste das Auswahlmenü, klicken Sie auf ***Kopieren***.

❸ Gehen Sie dann in der ersten freien Zeile unter der vorhandenen Liste in die erste freie Zelle. Wieder ein Rechtsklick, im Menü auf ***Einfügen***.

❹ Wiederholen Sie den Vorgang zwei weitere Male, damit die Aufstellung lang wird. Achten Sie aber darauf, dass keine Leerzeilen zwischen den Einträgen liegen.

Benötigt wird eine wirklich laaange Liste...

	A	B	C
1	**Datum**	**Ware**	**Anzahl**
2	01.04.2006	Nudeln	2
3		Melone	1
4		Broccoli	3
5		Steaks	2
6		Zucker	2
7		Brause	8
8		Bier	6
9	01.04.2006	Nudeln	2
10		Melone	1
11		Broccoli	3
12		Steaks	2
13		Zucker	2
14		Brause	8
15		Bier	6
16	01.04.2006	Nudeln	2
17		Melone	1
18		Broccoli	3
19		Steaks	2
20		Zucker	2
21		Brause	8
22		Bier	6
23	01.04.2006	Nudeln	2
24		Melone	1
25		Broccoli	3
26		Steaks	2
27		Zucker	2

❺ Markieren Sie der Einfachheit halber nur die gefüllten Zellen der Spalten B und C, inklusive der neuen Überschriften. Das Ergebnis sehen Sie in der Abbildung oben.

❻ Klicken Sie anschließend auf ***Daten*** und ***PivotTable- und PivotChart-Bericht...***

❼ Bestätigen Sie die drei folgenden Abfragen einfach mit ***OK***, es öffnet sich ein neues Tabellenblatt.

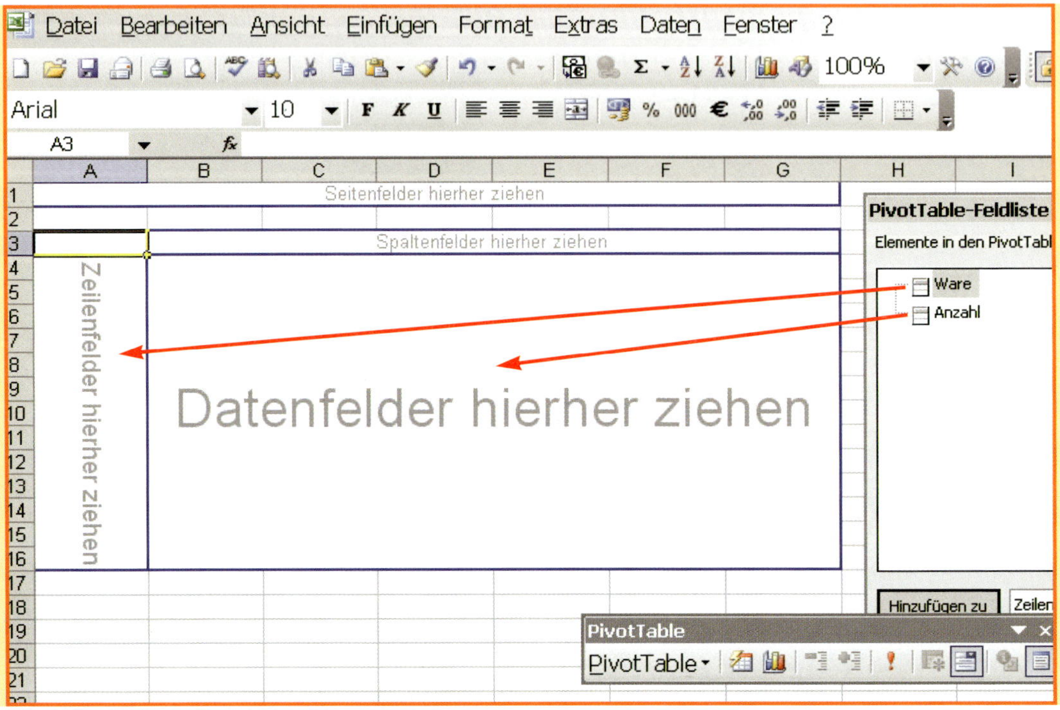

Ware ins Zeichenfeld, Anzahl ins Datenfeld

❽ Ziehen Sie das obere Feld der rechten Liste in den Bereich „Zeilenfelder", die Anzahl der Einkäufe kommen in die Datenfelder. Sofort präsentiert Excel das Ergebnis:

Zusammengefasst: Aus der langen, unübersichtlichen Tabelle wird mit Hilfe der Pivotfunktion nachvollziehbar, wie viele Pakete Nudeln, wie viele Flaschen Bier und Brause eingekauft wurden.

	A	B
1	Seitenfelder hierher ziehen	
2		
3	Summe von Stückzahl	
4	Ware	Ergebnis
5	Bier	24
6	Brause	32
7	Broccoli	12
8	Melone	4
9	Nudeln	8
10	Steaks	8
11	Zucker	8
12	Gesamtergebnis	96

Druck machen

Die Tabellenkalkulation wird Ihnen bald zum unentbehrlichen Helfer bei vielerlei Rechenaufgaben werden. Nicht immer jedoch werden Sie eine aufwändige Gestaltung dafür benötigen, oft reicht für den Zweck auch eine ganz einfache Tabelle, ganz ohne Rahmen und sonstige Gestaltungsvarianten. Auf dem Bildschirm zeigt Excel ja ein ganz feines Gitternetz zur Orientierung auf dem Blatt, das reicht für die Bearbeitung.

Wenn Sie das aber ausdrucken, werden vom Drucker zunächst gar keine Gitterlinien berücksichtigt. Auf dem Papier stehen einfach nur Zahlenkolonnen, ganz ohne optische Trennungen. Das ist auch richtig so, wenn Sie zum Beispiel Rechnungen per Excel schreiben. Die aktuelle Einstellung können Sie unter der ***Seitenansicht*** überprüfen, in der Symbolleiste ist die Schaltfläche rechts neben dem Druckersymbol aufgeführt, gekennzeichnet durch ein Blatt, über dem eine Lupe schwebt.

Symbol „Seitenansicht“

Kehren Sie durch einen Klick auf ***Schließen*** wieder in die Normalansicht zurück.

Übung: Druckausgabe, einfache Stufe

Nun müssen Sie Excel anweisen, Linien für den Drucker einzubauen. Dafür gibt es prinzipiell zwei Wege. Genügt Ihnen das feine Netz auch auf dem Papier, geht das über:

❶ *Datei_Seite einrichten*. Es öffnet sich die Dialogbox.

❷ Klicken Sie auf den rechten Karteireiter *Tabelle* und fügen Sie beim Eintrag „**Gitternetzlinien**“ ein Häkchen ein. Fertig.

❸ Sehen Sie sich auch die anderen Register der Dialogbox an:

❹ Unter *Papierformat* können Sie zum Beispiel die Druckausgabe verändern, vom Hochformat ins Querformat.

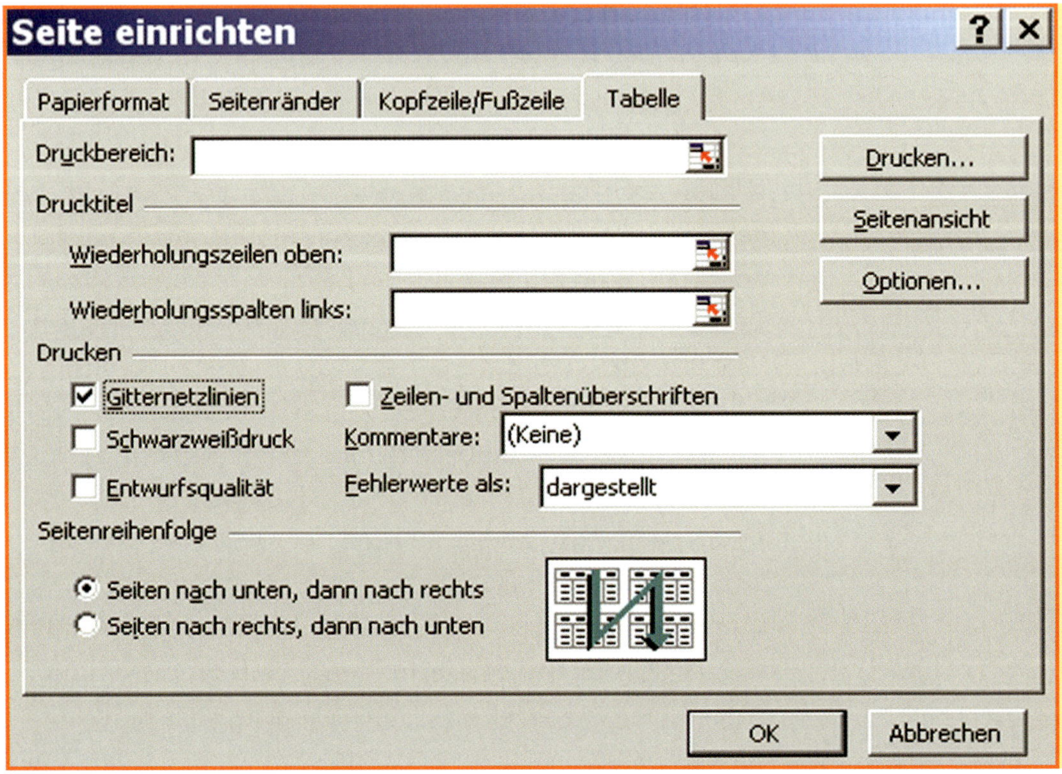

Hier können Sie einfache Gitternetzlinien für den Druck einfügen. Aber sehen Sie sich auch die weiteren Optionen an. Unter „Kopfzeile/Fußzeile“ können Sie wiederkehrende Einträge einfügen.

❺ *Kopfzeile/Fußzeile* fügt wiederkehrende Einträge ein.

❻ Klicken Sie auf *Benutzerdefinierte Fußzeile*. Sie erhalten eine weitere Box mit **Symbolen**.

❼ Klicken Sie darauf und betrachten Sie, was Excel in die Felder einfügt (zum Beispiel: Seitenzahl, Datum, Uhrzeit).

❽ Verlassen Sie die Einfügebox mit *Abbrechen*.

❾ Verlassen Sie die Dialogbox mit *OK*.

❿ Überprüfen Sie das Ergebnis mit *Seitenansicht*

⓫ Kehren Sie durch einen Klick auf *Schließen* wieder in die Normalansicht zurück.

Übung: Druckausgabe, fein eingestellt

Was Sie auf dem Bildschirm sehen, wird nicht automatisch per Knopfdruck aufs Papier gebracht. Der Drucker braucht eigene Informationen, wie er das Tabellenblatt verarbeiten soll. Das ist verständlich, denn er kann die Tabelle ja nicht hin und herschieben, so wie wir auf dem Bildschirm. Kompliziert wird es bei größeren Tabellen, bei denen die Zeilen noch lesbar sein sollen. Dann muss alles auf mehreren DIN A4-Seiten untergebracht werden. Als Beispiel dafür rufen wir eine Tabelle des Haushaltsbudgets auf, zum Beispiel **BUDGET SCHRITT 2.XLS.**

❶ Klicken Sie auf ***Ansicht_Seitenumbruchvorschau***. Excel gibt Ihnen hier bereits Informationen darüber, was bei derzeitiger Formatierung auf DIN A4-Seiten passt. Sie sehen Seitenangaben und gestrichelte blaue Linien.
❷ Wenn Sie diese Linien mit dem Mauszeiger berühren, verändert er seine Gestalt: Das Balkenkreuz wird zum Doppelpfeil. In die beiden angezeigten Richtungen können Sie die blaue Strichel-Linie bewegen (die linke Maustaste beim Ziehen gedrückt halten). Damit ändern sich die Ausgabe-Proportionen.
❸ Ziehen Sie die Linie, die Seite 1 von Seite 2 trennt, nach unten, bis es dort nur noch eine Seite 1 gibt. Jetzt wird alles ein bisschen verkleinert ausgedruckt, es bleibt aber noch lesbar. Der Vorteil: Excel bringt die vollständige Tabellenhöhe nun auf einem Blatt A4 unter.

Das gesamte Tabellenblatt wird aber der Breite nach aufgeteilt, und zwar so, dass vier A4-Seiten entstehen, die jeweils im Hochformat gedruckt sind. Legt man sie nebeneinander, ergibt sich das Querformat der Tabelle – so, wie es auf dem

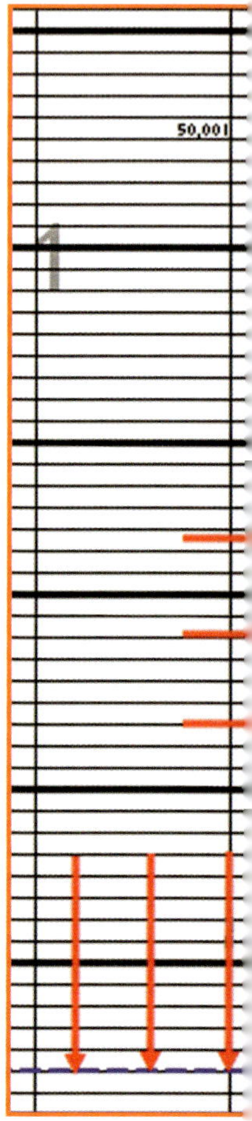

Bildschirm zu sehen ist. Die erste Seite des Ausdrucks enthielte allein die Spalten für Rubrik, Januar, Februar und März, dann folgten die weiteren Spalten in Viererschritten: April, Mai, Juni und Juli – August, September, Oktober, November – und so weiter. Spätestens auf der zweiten Druckseite wird nicht mehr klar, welche Zelle etwa zur Zeile Supermarkt, Imbiss oder Restaurant gehört. Besser wär's, die erklärende Randspalte befände sich auf jeder ausgedruckten A4-Seite. Auch das geht, und zwar so:

❹ Klicken Sie auf ***Datei_Seite einrichten***. Es öffnet sich eine Dialogbox.

❺ Klicken Sie auf ***Papierformat***, stellen Sie sicher, dass die Einstellung **Hochformat** aktiviert ist.

❻ Klicken Sie in der Dialogbox dann auf den Karteireiter ***Tabelle***.

❼ Füllen Sie die freie Zeile in **Wiederholungszeilen oben** mit dem Wert ***$1:$3*** (das steht für: Zeile 1 bis Zeile 3, das Dollarzeichen gilt hier nicht als Währungssymbol, sondern dient als Steuerzeichen).

❽ Füllen Sie die freie Zeile in **Wiederholungsspalten links** mit dem Wert ***$A:$A*** (das steht für: Spalte A).

Die Einträge lassen sich in der Dialogbox zwar auch per Mausklicks in die karierten Felder neben den freien Zeilen sowie dann jeweils auf die gewünschten Zeilen und Spalten eintragen. Aber das Klicken erfordert so viel Zielgenauigkeit, dass die Tastatur gegenüber der Maus im Vorteil ist.

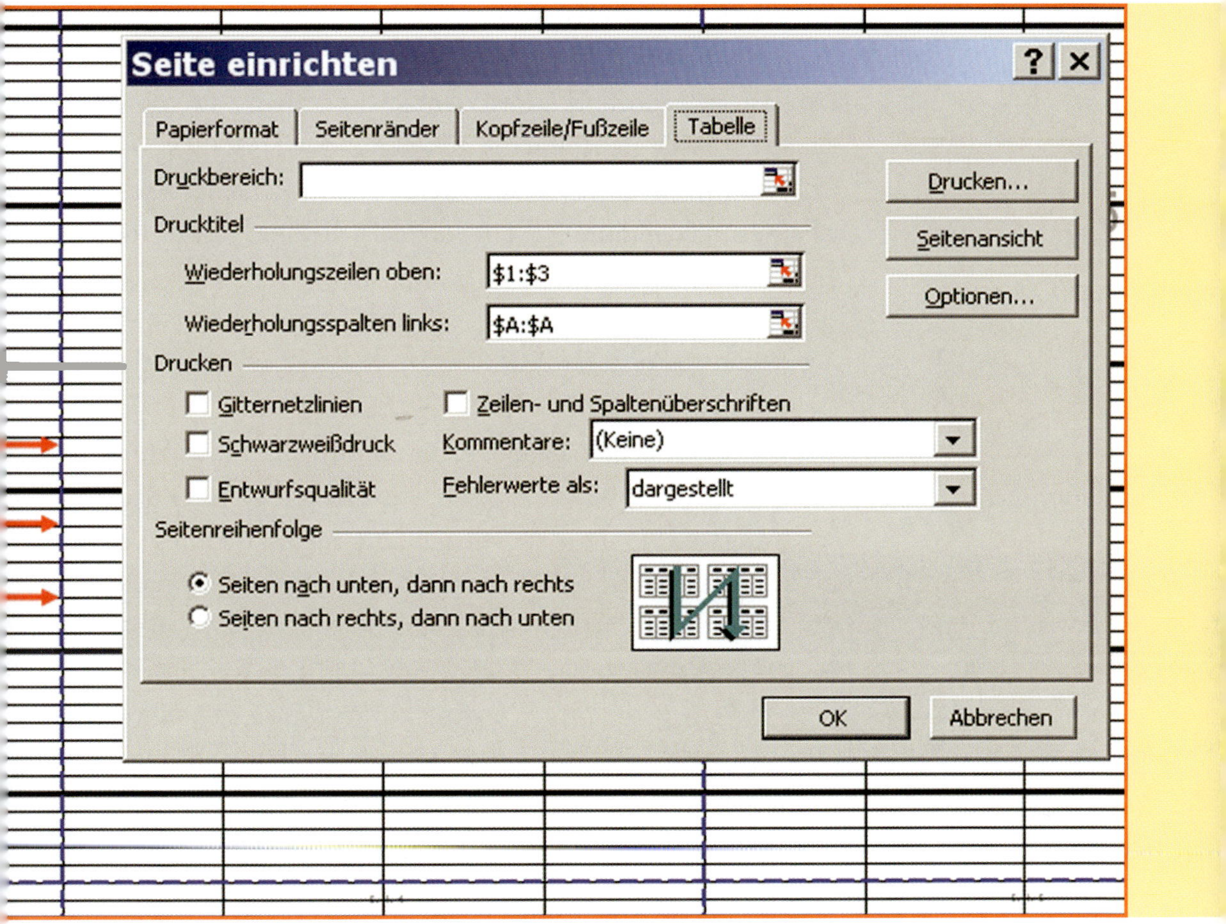

Die roten Pfeile weisen auf die blau schraffierten Linien, die zur Veränderung der Druckerausgabe bewegt werden können. Die waagerechte Linie sollte nach unten gezogen werden, damit die Tabelle nicht auch noch horizontal geteilt wird. „Seite einrichten_Tabelle" heißt die Dialogbox, die für die Wiederholung der Randspalte benötigt wird.

❾ Klicken Sie auf ***Drucken*** und sehen sich das Ergebnis an. Je größer das Tabellenblatt ist, desto schwerer wird es, auf Anhieb alles richtig unterzubringen. Dann müssen Sie erneut in die Seitenumbruchvorschau (Punkte 1 bis 3) und mit den Linien experimentieren.

Alles in Sicherheit?

Nun eine grundsätzliche Frage: Wo lassen Sie speichern? Viele Programme lagern die Daten nämlich irgendwo – sie wieder zu finden, wird oft schwierig, gerade für den Einsteiger. Dann ist es wie mit Unterlagen aus Papier: Was man nicht findet, ist auf immer verloren. Überlegen Sie sich daher rechtzeitig, welche Datenstruktur Sie auf Ihrem Rechner aufbauen.

Übung: Neue Speicherorte einrichten

Richten Sie sich einen gesonderten Sammelplatz als Datenspeicher ein – am besten eine Partition (ein definierter Bereich auf der Festplatte Ihres Computers, der wie ein eigenständiges Laufwerk behandelt wird), die nicht die C-Partition ist. Dort sollten nur das Betriebssystem (Windows) und die installierten Programme untergebracht sein. Wählen Sie für die Daten etwa die D-Partition (falls sie auf Ihrer Festplatte eingerichtet ist).

Hier sehen Sie Laufwerke, die auf einem Rechner eingerichtet sein können.

❶ Klicken Sie auf ***Start_Arbeitsplatz_Laufwerk D***. Klicken Sie in der Menüleiste auf ***Ordner***. Sie sehen nun alle Ordner, die im Laufwerk D schon angelegt sind.
❷ Klicken Sie mit der rechten Maustaste irgend wohin in den freien Bereich. Es erscheint eine Menübox, gehen Sie auf ***Neu*** und verschieben Sie den Mauspfeil nach rechts.
❸ Wählen Sie den obersten Eintrag ***Ordner***. Die Ordneransicht erscheint mit einem neuen Eintrag, blau unterlegt.
❹ Geben Sie einen neuen Namen ein, etwa ***Rechnungen***.

❺ Wiederholen Sie das mit ***Bilder***, ***Texte***, ***Musik*** etc. Damit haben Sie eine übergeordnete Struktur eingerichtet, die Sie in die Tiefe hinein verfeinern können. Unter **BILDER** könnten Sie die Unterordner **REISEN**, **FAMILIE**, **AUTOS**, **AUSSTELLUNGEN** (u.s.w.) einrichten, diese Ordner werden immer tiefer verästelt, ganz nach Ihren Vorgaben.

Die Ablage der Daten auf einer eigenen Partition hat große Vorteile: Stellen Sie sich vor, ein Virus befällt Ihren Rechner, der dann immer nur „abstürzt". Die C-Partition muss gelöscht (formatiert), alles neu installiert werden. Allein das ist schon aufwändig. Befanden sich Ihre Daten jedoch auf C:, sind sie verloren, spätestens bei der Formatierung werden sie entfernt. Neu installiert werden danach ja nur das Betriebssystem und die Programme.
Nebenbei: Solange alles noch läuft, kann man die C-Partition mit speziellen Programmen als „Image" speichern und im Notfall komplett zurückholen. Aber das ist ein Thema für sich.

Wichtige Daten sollten überdies (je nach Bedarf etwa alle zwei Wochen) extern gesichert werden, auf CD/DVD gebrannt, oder auf externer Festplatte abgelegt. Mittlerweile gibt es externe Platten in enormer Größe recht günstig, sie werden nur dann zugeschaltet, wenn sie Daten aufnehmen sollen, sonst bleiben sie vom Computer getrennt.

Voraussetzung ist, dass Sie beim ***Speichern unter...*** genau aufpassen, wohin die Daten gesandt werden. Die meisten Programme können einen bestimmten Ordner zum Standardspeicherplatz erklären, auch Excel (➔ Seite 139). Das Beste ist, man stellt im Programm den „Ober-Ordner" ein und nutzt die Auswahlbox „Speichern unter..." für die Feinablage.

Allgemeine Einstellungen

Von Hause aus ist Excel bereits für die Arbeit recht gut eingestellt, deshalb seien die Standardeinstellungen hier auch nur kurz erwähnt. Im Normalfall hat man damit selten zu tun.

❶ Wählen Sie ***Extras_Optionen***, holen Sie sich die Dialogbox „Optionen" auf den Bildschirm.

❷ Wählen Sie den Karteireiter ***Ansicht***. Hier sehen Sie die Einstellungen, mit denen Excel die Bildschirmausgabe steuert.

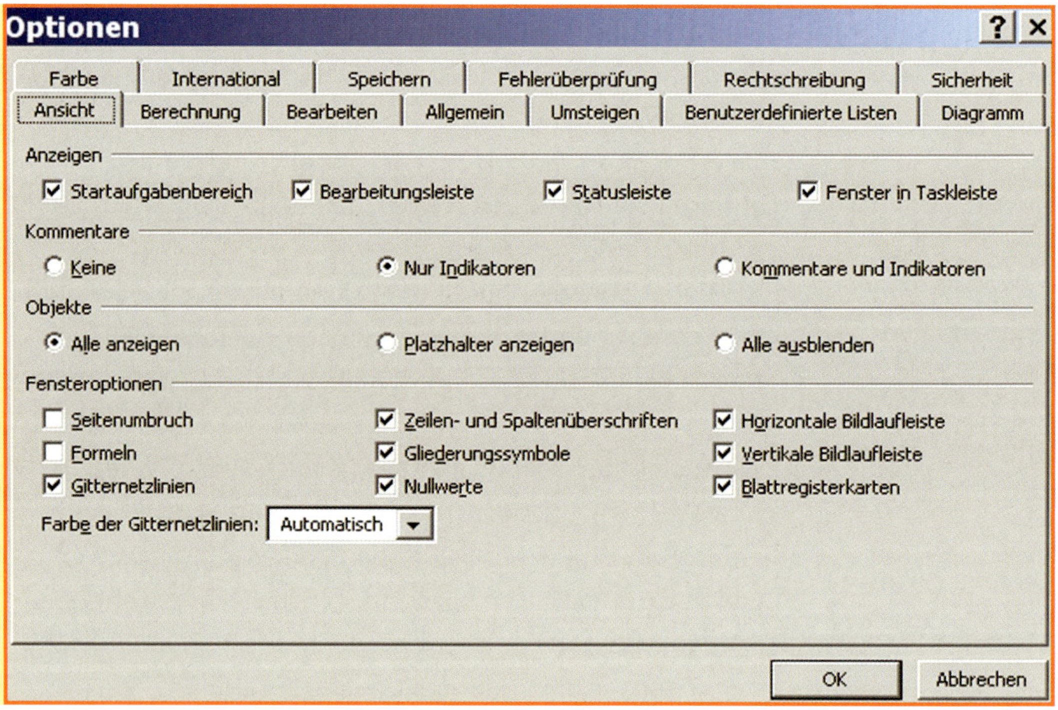

Option „Ansicht": Hier sind jene Parameter einstellbar, die die Bildschirmanzeige steuern.

An diesen Parametern sollten Sie eigentlich nichts ändern. Lediglich das Häkchen im Fenster **Seitenumbruch** ist dann interessant, wenn große Tabellen bearbeitet werden, die später auch ausgedruckt werden sollen. Ist die Option Seitenumbruch eingeschaltet, werden gepunktete Linien erkennbar, an denen ein Seitenwechsel stattfindet.

Daran kann man sich beim Aufbau der Tabelle orientieren, vielleicht die eine oder andere Gruppierung aus Rücksicht auf den Aufbau der Seiten anders gestalten.

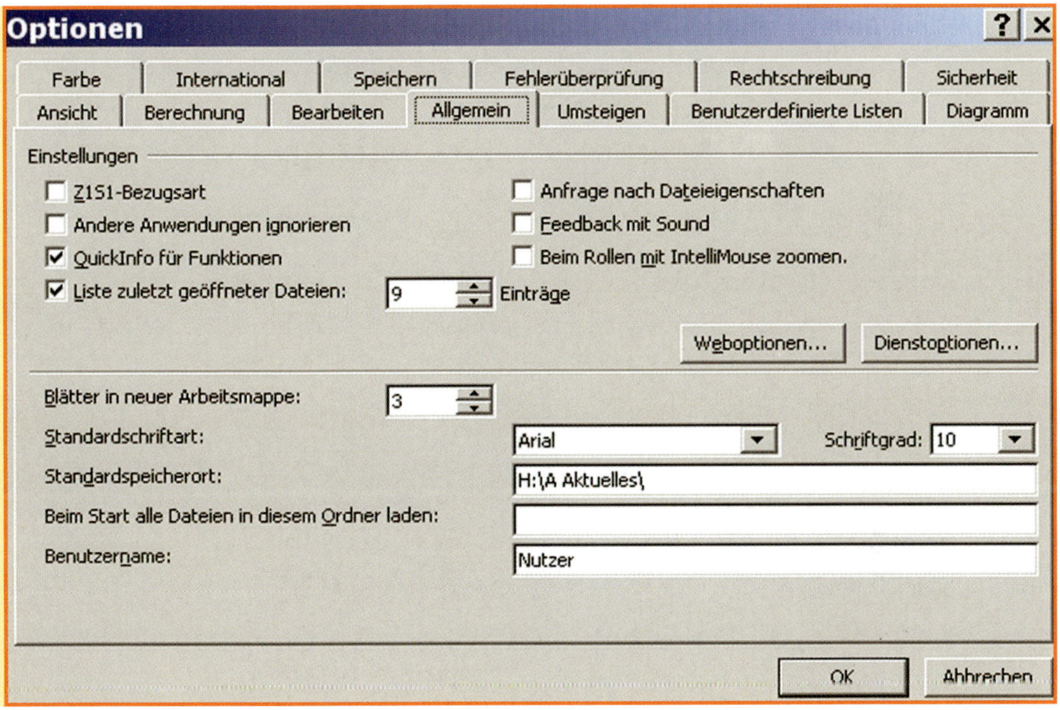

Option „Allgemein“: Sie ist wichtig, wenn man den Speicherort ändern will.

Wählen Sie nun den Karteireiter ***Allgemein***. Hier kann man
❶ die Liste der bei vorangegangenen Arbeiten geöffneten Dateien beeinflussen. Bis zu neun Dateinamen werden dann gespeichert, sie sind in der Menüleiste unter ***Datei*** aufgeführt.
❷ die Standardschriftart und den Schriftgrad ändern.
❸ einen **Standardarbeitsordner** für Ihre Excel-Dateien angeben. Der Ordner muss zuvor an einer beliebigen Stelle eingerichtet worden sein, dann kann man hier darauf verweisen. Excel öffnet diesen Ordner bevorzugt, wenn Dateien geöffnet oder gespeichert werden sollen.

❹ einen Nutzernamen eintragen, der im Dialogfeld Eigenschaften wiedergegeben wird. Außerdem erscheint er automatisch bei Kommentaren als Quellennachweis.

Gehen Sie jetzt zum Karteireiter *Berechnung*. Aber lassen Sie dort die Option lieber auf **Automatisch**. Sonst müssen Sie nach Änderungen stets die Taste **F9** drücken, damit die Korrekturen in den Formeln neu berechnet werden.

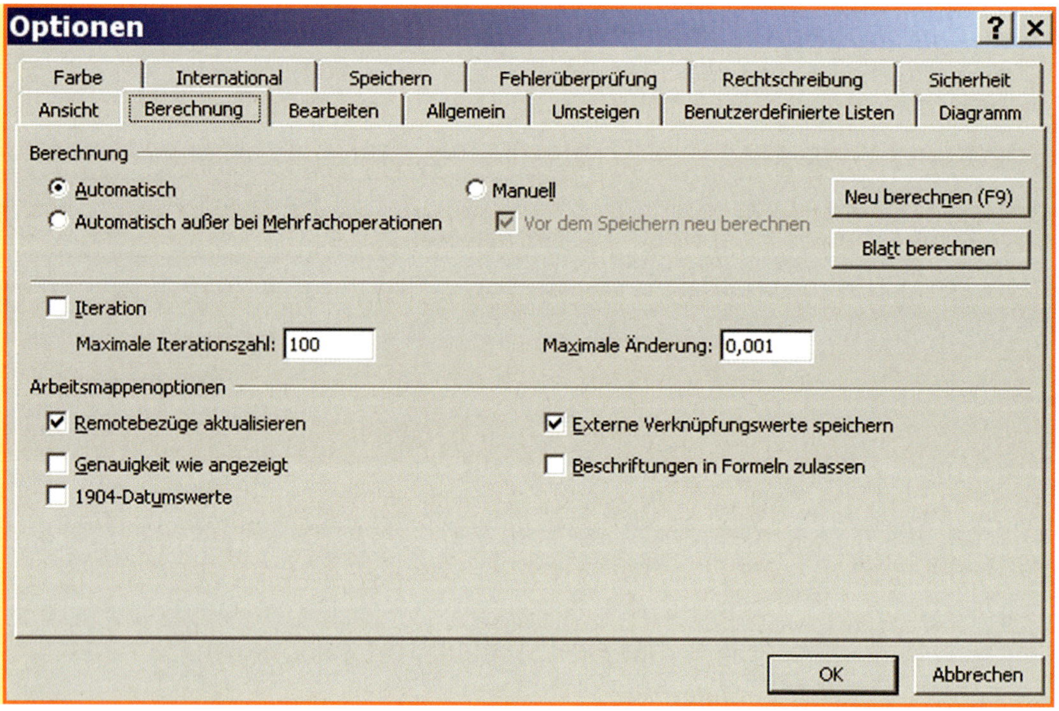

Option „Berechnung“:
Hier sollte man als Einsteiger erst einmal nichts verändern.

Unter dem Karteireiter ***Bearbeiten*** finden Sie ebenfalls Voreinstellungen, an denen Sie jedoch gerade anfangs lieber gar nichts ändern sollten. Aber ansehen und informieren schadet nie etwas: Klicken Sie sich ruhig auch einmal durch die übrigen Optionen dieser Dialogbox hindurch. Haben Sie keine Furcht davor, Schaden anzurichten: Sollten Sie versehentlich etwas verstellt haben, verlassen Sie die Box mit ***Abbrechen***, dann ist alles wieder wie zuvor.

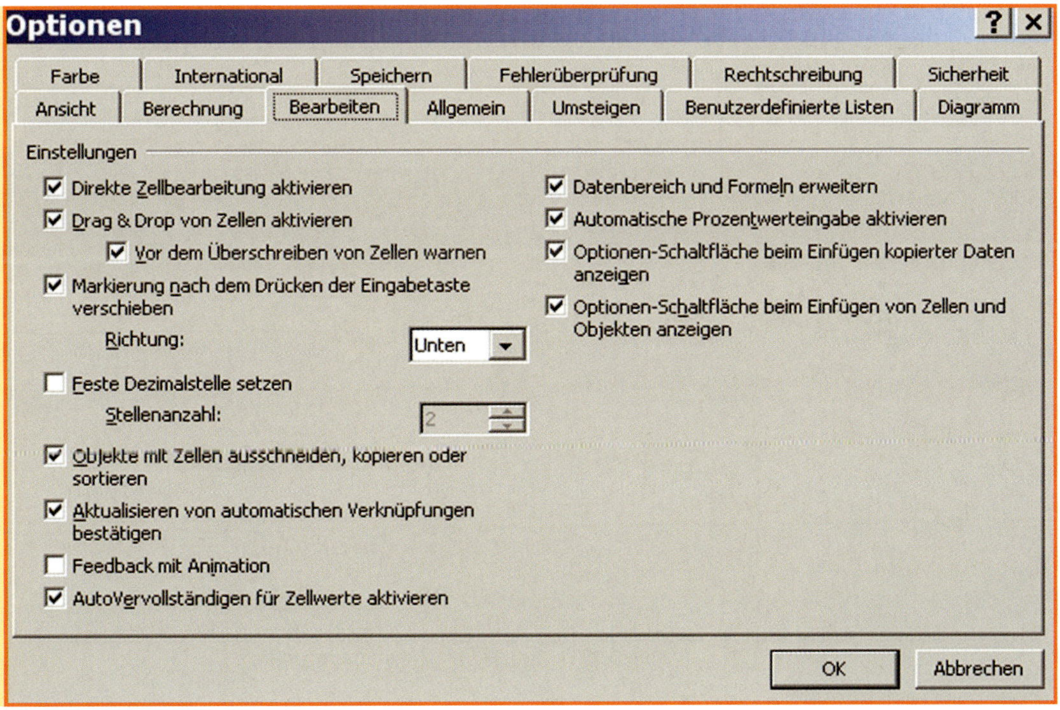

Option „Bearbeiten“:
Auch sie braucht man anfangs nicht zu ändern.

Hilfe!

Es wäre unmöglich, hier die komplette Hilfefunktion von Excel zu beschreiben, deshalb wählen wir nur ein Beispiel aus. Nehmen wir an, Sie möchten aus einem Wert die Quadratwurzel ziehen und wissen nicht wie. Ganz oben rechts im Programmfenster finden Sie ein Feld, in dem steht: „Frage hier eingeben“. Dort tippen Sie den Begriff ein, also ***Wurzel***, und bestätigen mit der Eingabetaste. Sofort öffnet sich rechts ein Fenster mit den Suchergebnissen. Klicken Sie gleich den obersten Hinweis an, er lautet: ***SQRT Arbeitsblattfunktion***. Ein neues Fenster öffnet sich: „Microsoft Excel-Hilfe“.

Schnelle Hilfe. Rechts auf dem Bildschirm erscheinen die Suchergebnisse für „Wurzel“ (englisch: „squareroot“, Kürzel „SQRT“), daneben die Erklärung, die in die Tabelle kopiert werden kann.

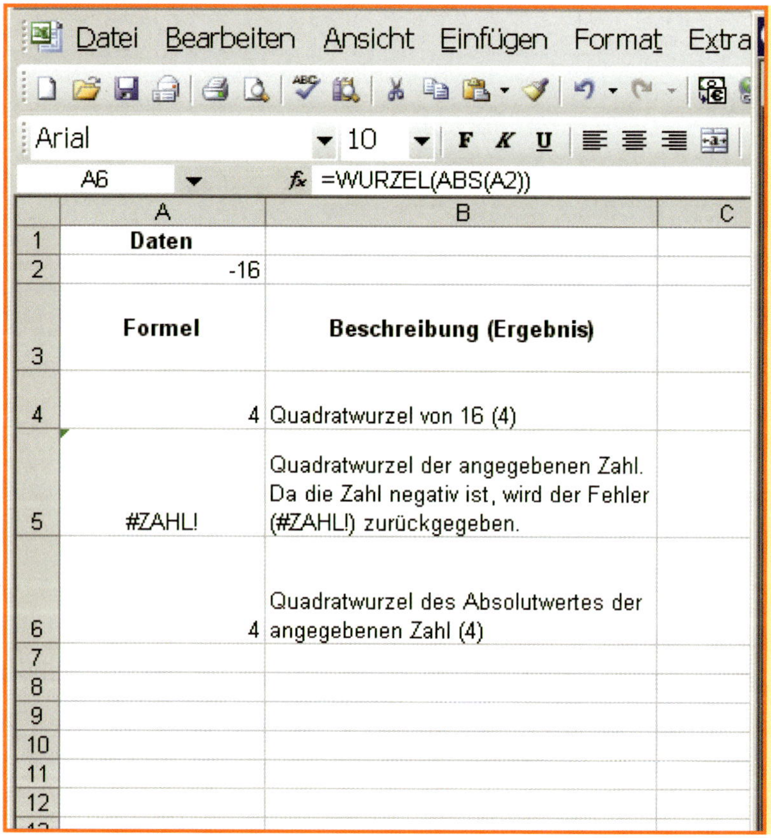

Und darin gibt es nicht nur Erklärungen, sondern auch ein Rechenbeispiel. Es weist auf Fehlerquellen hin und auf die Reaktion des Programms: Wer etwa aus einer negativen Zahl (-16) die Quadratwurzel ziehen will, erhält eine Fehlermeldung.

Mehr noch: Man kann das Beispiel in ein Arbeitsblatt kopieren, um damit zu experimentieren. In der Abbildung haben wir die Zeilen (blau) markiert und ins Blatt eingefügt. Wichtig ist dabei nur, dass man die Buchstaben für die Spalten und die Zahlen für die Reihen nicht mitmarkiert und dass man an den Anfang eines neuen Tabellenblatts geht.

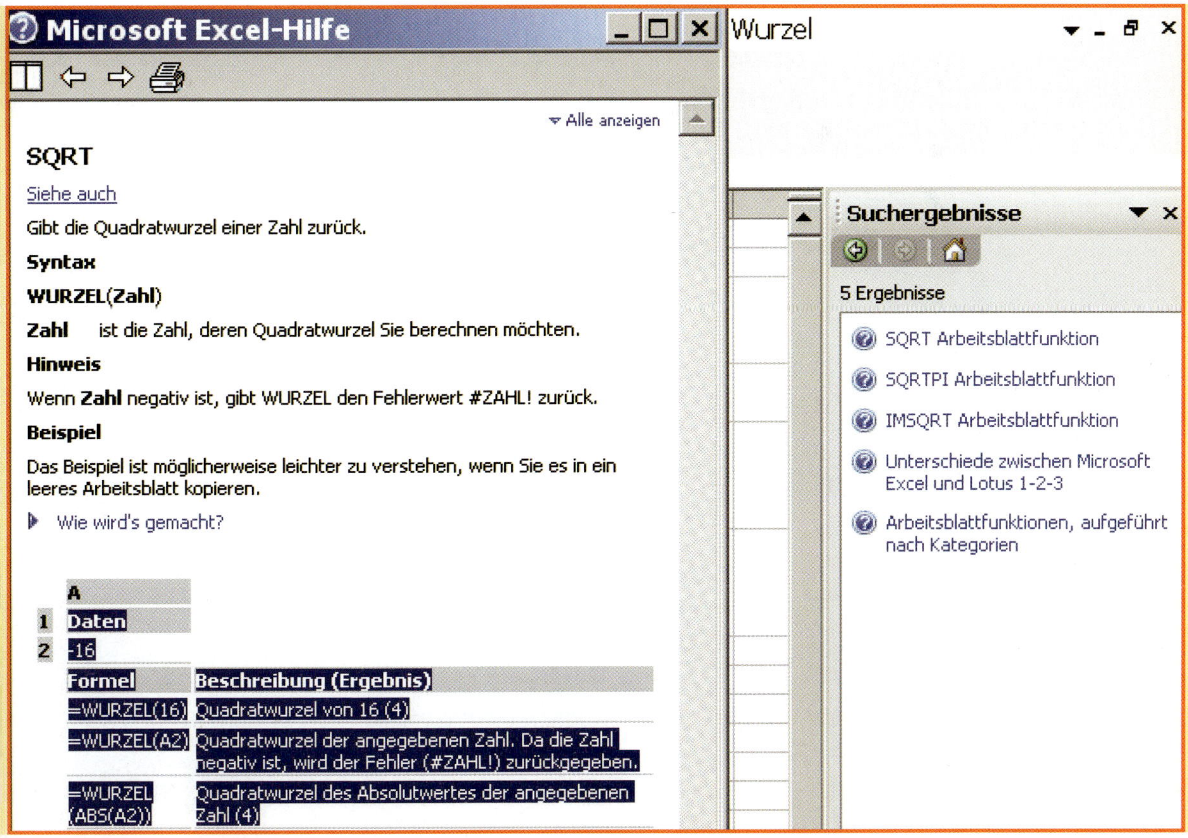

Wir gratulieren...

...Sie kennen nun die grundlegenden Möglichkeiten, die dieses Programm bietet. Die Kunst, damit auch weit kompliziertere Aufgaben zu lösen, liegt in der Verknüpfung der vielen Funktionen: Klicken sie nur mal auf das Symbol *fx* und betrachten Sie auf der nun erscheinenden Dialogbox unter *Kategorie auswählen* zum Beispiel die verfügbaren Berechnungsformeln der **Finanzmathematik** oder der **Statistik**. Wenn Sie sich in diesen Wissenschaftsbereichen auskennen, wird es Ihnen leicht fallen, damit auch in Excel umzugehen. Wir haben wegen des dafür notwendigen Hintergrundwissens bewusst auf eine Beschäftigung damit verzichtet.

Einige Beispiele dafür, wie Fachleute solche Funktionen einsetzen, können Sie jenen Berechnungen entnehmen, die von den Mitarbeitern der Redaktion FINANZtest erstellt worden sind. Sie dienen dazu, in vielen Bereichen des täglichen Lebens finanzielle Vergleiche anzustellen und weit reichende Entscheidungen zu treffen. Auf den Folgeseiten werden wir sie genauer vorstellen.

Rechnen Sie damit!

Wie weit die Möglichkeiten von Excel gehen, sobald Sie noch tiefer in das Thema Tabellenkalkulation einsteigen möchten, können Sie im Internet nachvollziehen. Ein analoger Anschluss reicht schon aus, die Beispiele von der Seite **www.stiftung-warentest.de/online/alle/rechner.html** herunter zu laden.
Die Palette der Berechnungen umfasst die Themenbereiche „Auto und Verkehr", „Bauen und Finanzieren", „Geldanlage und Banken", „Steuern und Recht", „Umwelt und Energie" sowie „Versicherung und Vorsorge".

Unter der Rubrik **„Auto und Verkehr"** wird die Frage geklärt, wie sich eine Rückstufung im Schadenfall auswirkt, wann es sich also lohnen kann, den Schaden aus eigener Tasche zu bezahlen. Auch das Thema „die günstige Finanzierung" lässt sich in Formeln ausdrücken.

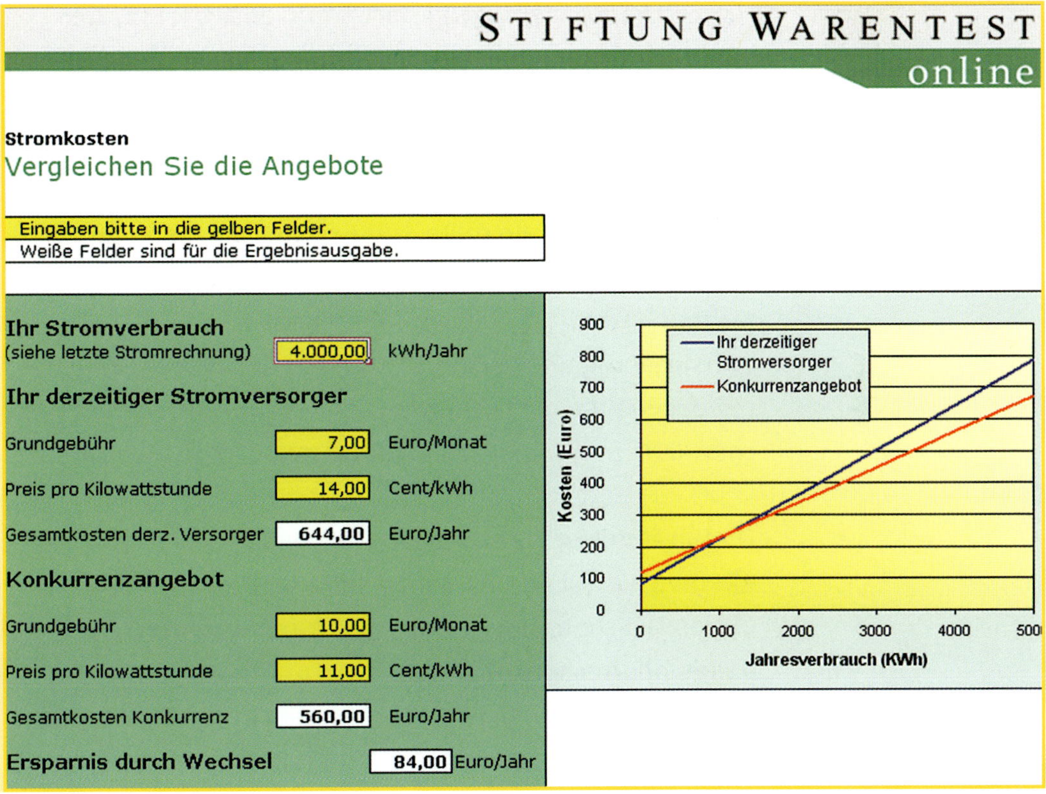

Im Abschnitt **„Bauen und Finanzieren“** geht es um Kreditangebote. Sollten Sie vorhaben, Bauherr zu werden oder eine Wohnung zu finanzieren, möchten Sie vielleicht eine vorhandene Finanzierung umschulden? Fünf Rechentabellen werden Ihnen gute Dienste leisten, die richtige Entscheidung zu treffen. Stichwort vorzeitige Umschuldung: Ist Ihnen womöglich eine jüngere Entscheidung des Bundesgerichtshofs entgangen, der die Praxis mancher Banken bei der Berechnung von Vorfälligkeitsentschädigungen für rechtswidrig erklärte? Rechnen Sie nach, ob Ihnen eine Entschädigung zusteht! Unter **„Steuern und Recht“** finden Sie Vorlagen, mit deren Hilfe Sie Ihre Einkommensteuer berechnen können.

Hier wird auch die Frage geklärt, wann es sich lohnt, Werbungskosten im Jahresausgleich nicht pauschal, sondern detailliert anzugeben.
Die Rubrik **„Umwelt und Energie“** enthält einen Vergleichsrechner, der bei der Entscheidung hilft, ob man den Stromlieferanten wechseln sollte. Nur wenige Eingaben sind notwendig um nachzuvollziehen, ob und wie stark die Stromrechnung sinkt. Sogar eine Grafik ist dabei.
„Versicherung und Vorsorge“ enthält Excel-Berechnungen, mit denen man die Tarife gesetzlicher Krankenkassen vergleichen kann und wie man seine Altersvorsorge planen kann.

Und so kommen Sie an die Tabellen heran:
❶ Rufen Sie mit Ihrem Internet-Browser (z.B. per Internet Explorer) die Internetseite **www.stiftung-warentest.de/online/alle/rechner.html** auf.
❷ Klicken Sie auf den jeweiligen Eintrag in der Aufstellung. Sie erhalten weiterführende Informationen über das spezielle Thema.
❸ Auf diesen Seiten ist stets unten eine Zeile markiert, die den Download startet. Achten Sie darauf: Nicht alles hier ist in Excel-Tabellen geschrieben, es gibt auch PDF-Dateien. Klicken Sie daher nur dann auf den Download, wenn es sich tatsächlich um eine Excel-Datei handelt, oder Sie thematisch an dem Inhalt der PDF-Datei interessiert sind.

Wichtig: PDF-Dateien werden mit dem Programm Acrobat (Reader) von Adobe geöffnet, auf den meisten Rechnern ist es installiert. Falls nicht, lässt sich das Programm gratis aus dem Netz herunterladen. Unter der Adresse **www.stiftung-warentest.de/sofunktionierts/hsw_hilfe_pdf.html** ist ein Zugang möglich.

❹ Sie haben nun die Downloadzeile für die gewünschte Excel-Datei angeklickt. Es öffnet sich eine Dialogbox mit einer Virenwarnung.

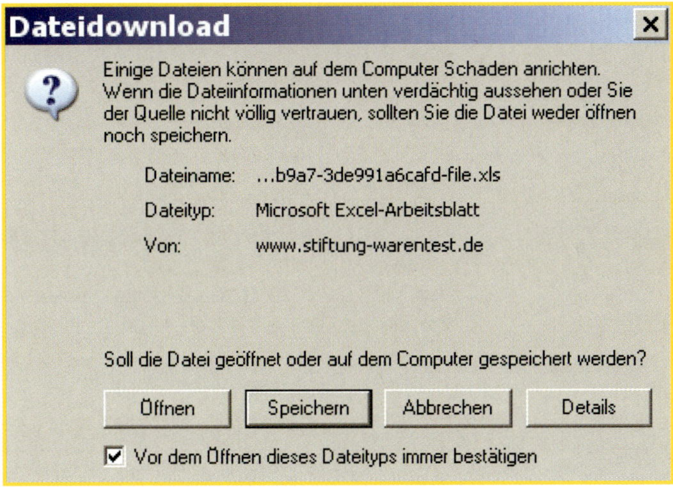

Ignorieren Sie sie, denn bei Downloads aus Bereichen der Stiftung Warentest haben Sie nichts zu befürchten. Klicken Sie auf ***Speichern***.

❺ Es öffnen sich zwei neue Dialogboxen, geben Sie unter ***Speichern unter...*** zunächst den Speicherort an. Klicken Sie dann auf ***Speichern.***

❻ Es öffnet sich eine neue Dialogbox, die den Fortschritt des Speichervorgangs zeigt. Wenn er beendet ist (**„Download abgeschlossen“**), klicken Sie auf *Schließen*.

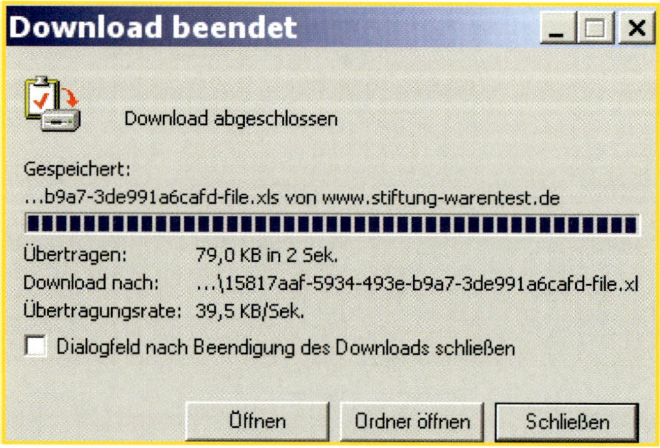

❼ Beenden Sie die Internetverbindung und klicken Sie die herunter geladene Datei an.
❽ Excel öffnet das Tabellenblatt, nun können Sie damit arbeiten.

Wichtig: Alle Tabellen, die Sie hier auf Ihren Rechner laden können, sind aus urheberrechtlichen Gründen mit einem Blattschutz versehen. Wenn Sie diesen Schutz aufheben wollen, werden Sie nach dem Passwort gefragt, welches Sie nicht kennen. Sie können also die der Berechnung zugrunde liegenden Formeln nicht in die Bearbeitungsleiste holen. Die genannten Beispiele zeigen Ihnen jedoch, wie vielfältig das Arbeiten mit einer Tabellenkalkulation sein kann.

Finger-Tipps

Oft bremst der Griff zur Maus, wenn eine Aktion ausgelöst werden soll. Sparen Sie sich das mit Tastenkombinationen: Sie sind oft der kürzere Weg, um den Computer zu dirigieren. Ein paar haben wir bereits vorgestellt. Hier nun die wichtigsten Tastenkombinationen auf einen Blick.

Windows allgemein

F5	Aktualisiert Ordnerfenster (Windows Explorer).
▤	Zeigt ein Kontextmenü zur markierten Datei / zum markierten Objekt an (wie ein Klick mit der rechten Maustaste).
⊞	Öffnet das Startmenü.
⊞ + E	Öffnet den Windows Explorer (Arbeitsplatz).
⊞ + M	Minimiert alle Programme („sauberer" Schreibtisch; geöffnete Programme stehen in der Taskleiste).
⊞ + ⇧ + M	Stellt minimierte Fenster wieder her.
⊞ + F	Startet die Suchfunktion.
⊞ + F1	Ruft die Windows-Hilfe auf.
⊞ + L	Benutzerwechsel (unter Windows XP).
⇧ + ↑ / ↓	Markiert Dateien und Ordner im rechten Fenster des Windows Explorer.
⇧ + Entf	Löscht ausgewählte Dateien / Objekte endgültig. Sie werden nicht in den Papierkorb verschoben.
Strg + A	Markiert alle Dateien / Objekte / Inhalte.
Strg + C	Kopiert Markiertes, das danach sowohl am Quell-, als auch am Zielort vorhanden ist.
Strg + X	Schneidet Markiertes aus: Es wird dabei am Quellort gelöscht.
Strg + V	Fügt Kopiertes ein.
Strg + Z	Macht die letzte Aktion rückgängig.

Excel

Im ***Hilfe-Menü*** von Excel sind alle Tastenkombinationen aufgeführt, die das Programm bietet. Drücken Sie die Funktionstaste **F1**, geben Sie unter „Suchen nach…“ das Stichwort ***Tastatur*** ein, drücken Sie ↵ und klicken Sie in der Liste den Begriff ***Tastenkombinationen*** an. Es erscheint ein neues Hilfefenster mit einer langen Liste wirklich aller Möglichkeiten. Da wir die Bewegung auf dem Tabellenblatt bereits auf der Seite 31 beschrieben haben, stellen wir hier nur ausgesuchte Tastaturbefehle vor:

↑ ↓ ← →	Um eine Zelle nach oben, unten, links oder rechts bewegen.
⇧ + ↑ ↓ ← →	Die Markierung um eine Zelle erweitern.
Strg + ␣	Die **gesamte Spalte** markieren.
⇧ + ␣	Die **gesamte Zeile** markieren.
Strg + A	Das **gesamte Arbeitsblatt** markieren.
Strg + ⇧ + Ende	Die Markierung **bis zur letzten verwendeten Zelle** des Arbeitsblatts (rechte untere Ecke) erweitern.
Strg + ⇧ + Pos 1	Die Markierung **bis zum Anfang des Arbeitsblatts** erweitern.
Ende + ⇧ + ↑ ↓ ← →	Die Markierung **bis zur letzten nicht leeren Zelle** in derselben Spalte oder Zeile wie die aktive Zelle erweitern.
⇧ + F3	In einer Formel das **Dialogfeld „Funktion einfügen“** anzeigen.
⇧ + F5	Das **Dialogfeld „Suchen“** anzeigen.
Strg + ! 1	Das **Dialogfeld „Zellen formatieren“** anzeigen.
Strg + ⇧ + & 6	Das **Zahlenformat Standard** anwenden.

Strg + ⇧ + $ 4	Das **Format Währung** mit zwei Dezimalstellen wählen, (negative Zahlen werden rot angezeigt).
Alt + ⇧ + = 0 }	(Gleichheitszeichen): Mit der SUMME-Funktion eine **AutoSumme-Formel** einfügen.
⇧ + F11	**Neues Arbeitsblatt** einfügen.
Strg + Bild ↓	Zum nächsten Blatt in der Arbeitsmappe wechseln.
Strg + Bild ↑	Zum vorherigen Blatt in der Arbeitsmappe wechseln.

Fenster und Menüs in Excel

Alt + F4	Beendet das aktive Programm.
F1	Hilfe aufrufen.
Alt + D	Öffnet das Menü ***Datei***, weil das D unterstrichen ist. Das funktioniert bei jedem Menü über den jeweils unterstrichenen Buchstaben, das heißt:
Alt + T	Öffnet das Menü Format,
Alt + X	Öffnet das Menü Extras.
Alt + ⇤⇥	Damit wechseln Sie zum nächsten Programmfenster, wenn zwei oder mehr geöffnet sind.
Strg + F9	Verkleinert das Arbeitsmappenfenster zu einem Symbol, das am unteren Rand des Programmfensters angezeigt wird.
Strg + F10	Vergrößert das Arbeitsmappenfenster wieder auf die ursprüngliche Größe.
Strg + F4	Schließt das aktive Dokument, ohne das Programm zu beenden. Das ist sinnvoll, wenn mehrere Excel-Dateien offen sind, aber nur eine Tabelle geschlossen werden soll.

Stichwortverzeichnis

S

T

U

V

W

Z

Impressum

Herausgeber und Verlag
Stiftung Warentest
Lützowplatz 11–13
10785 Berlin
Telefon: 0 30/26 31–0
Telefax: 0 30/26 31–25 25
www.stiftung-warentest.de

Vorstand
Dr. jur. Werner Brinkmann

Weitere Mitglieder der Geschäftsleitung
Hubertus Primus (Publikationen)
Dr.-Ing. Peter Sieber (Untersuchungen)

Übersetzung aus dem Dänischen
Henrik Hopstock

Redaktion
Gideon Heimann

Lektorat
Uwe Meilahn (Leitung)

Typographie
A. Dessin, Berlin

Layout
Sylvia Heisler

Fotos
Nada Quenzel (S. 5)
Ralph Kaiser (S. 9, 17, 21,)
Gideon Heimann (Screenshots)

Titel
Sylvia Heisler

Titelfoto
Nada Quenzel

Titelmodel
Günther Weinert

Produktion
Catrin Schroeter, Lars Neupert

Verlagsherstellung
Rita Brosius, Kerstin Uhlig

Litho
tiff.any GmbH, Berlin

Druck
Stürtz GmbH, Würzburg

Einzelbestellung
Stiftung Warentest
Vertrieb
Postfach 81 06 60
70523 Stuttgart
Telefon: 0 180 5/00 24 67
(12 Cent pro Minute aus dem Festnetz)
Telefax: 0 180 5/00 24 68
(12 Cent pro Minute aus dem Festnetz)
www.stiftung-warentest.de

Redaktionsschluss: Februar 2006